Reise durch die

NATIONALPARKS
DER USA

Bilder von

Christian Heeb

Texte von

Walter Herdrich

Stürtz

INHALT

Erste Seite:
Das Herbstlaub Neuenglands präsentiert sich im „Indian Summer" in allen Farben.

Vorherige Seite:
Tausend Zinnen und Nadeln verzaubern das „Amphitheater" des Bryce Canyon (Utah).

Unten:
Die letzten Strahlen der untergehenden Sonne beleuchten den Half Dome im Yosemite Nationalpark (Kalifornien).

Seite 10/11:
Wie losgelöst von der Erde schwebt im Abendlicht das „Island in the Sky" im Canyonlands National-park (Utah) hoch über dem Colorado River.

Noch lange nach Sonnenaufgang liegt der Saint Mary Lake tief im Schatten der schroffen Gipfel des Glacier Nationalparks (Montana). Gletscher wird man in diesem Teil der Rocky Mountains jedoch nur wenige finden, der Name leitet sich vielmehr von der Vergletscherung der letzten Eiszeit her, die zahllose lang gezogene Firnseen hinterlassen hat.

Seit den Tagen der Pilgerväter und Pioniere lebt der amerikanische Traum von der Weite und Vielfalt des Landes. Sein Grundton ist nicht die behagliche Gegenwart des Zuhauseseins, sondern die Faszination des Aufbruchs ins Unbekannte – irgendwo in der Tiefe der Wälder scheint die Zukunft zu liegen, jenseits der nächsten Bergkette oder dort, wo die Sonne hinter dem Horizont verschwindet, wartet ein neues Glück. In den Nationalparks finden alljährlich Millionen von Besuchern aus aller Welt den Grundstoff, aus dem amerikanische Träume gemacht sind: Inseln unberührter Natur, deren geheimen Wundern, versteckten Winkeln und deren reicher Tierwelt es zu Fuß, zu Pferde, mit dem Kanu oder im Geländejeep nachzuspüren gilt und die für Bequeme sogar auf gut ausgebauten Aussichtsstraßen mit dem Auto zu sehen und zu genießen sind. Mit ihren grandiosen Gebirgslandschaften, schäumenden Wasserfällen und kristallklaren Seen, Vulkanen und Geysiren, überwältigenden Schluchten und Tropfsteinhöhlen sind diese Naturreservate Orte des Abenteuers und der Erholung.

DER ERSTE PARK

Vor rund 130 Jahren nahm die Geschichte der amerikanischen Nationalparks mit der Gründung des Yellowstone Nationalparks ihren Anfang. Seither entstanden zahlreiche weitere mit klingenden Namen: Grand Canyon, Yosemite, Bryce Canyon, Sequioa oder Shenandoah, um nur einige wenige zu nennen, die sich mittlerweile zu nationalen Wallfahrtsorten entwickelt haben. Heute unterstehen dem National Park Service

EIN AMERIKANISCHER TRAUM

insgesamt rund 350 Schutzgebiete auf über 375 Millionen Hektar, das sind drei Prozent der Gesamtfläche der Vereinigten Staaten. Darunter befinden sich mehr als 50 Nationalparks – von denen einige wie Gates of the Arctic oder Wrangel-St. Elias in Alaska größer sind als so mancher Bundesstaat der USA – und zahllose andere Schutzobjekte von nationalem Interesse, die je nach Eigenart und Status als National Monument, National Preserve, National Historic Site, National Battlefield, National Recreation Area usw. bezeichnet werden.

Zu Beginn des 19. Jahrhunderts deutete noch nichts darauf hin, dass der Gedanke, Naturlandschaften vor menschlichen Einflüssen zu bewahren und sie um ihrer selbst willen zu erhalten, ausgerechnet in den Vereinigten Staaten auf fruchtbaren Boden fallen sollte. Der französische Gelehrte Alexis de Tocqueville, der 1831/32 die USA bereiste, fand an den Amerikanern bemerkenswert, »dass sie die mächtigen Wälder um sich herum erst wahrnehmen, wenn sie dem Beil zum Opfer gefallen sind«. Er bescheinigte den Nachfahren der Puritaner, die in die neue Welt gekommen waren, um sich dieses von Gott geschenkte Land untertan zu machen, eine »andere Perspektive« auf die Natur: »Der Amerikaner blickt auf seinen eigenen Weg durch diese Wildnis, sieht sich Sümpfe trockenlegen, den Lauf der Flüsse verändern, einsame Landstriche bevölkern und die Natur unterjochen.«

»ANMUT UND SCHÖNHEIT« DER WILDNIS

Zur gleichen Zeit reiste ein damals noch unbekannter Maler, George Catlin, mit dem Dampfer den Mississippi hinauf, um das Land der Dakotas zu entdecken und seine Eindrücke auf Leinwand zu bannen. Er war ergriffen von der »Anmut und Schönheit« der Wildnis, die er erblickte, und zugleich tief betroffen von den unaufhaltsamen Zerstörungen durch die vorrückende Zivilisation: »Zahlreich sind die wilden urtümlichen Werke der Natur, denen es bestimmt ist, unter der todbringenden Axt und den verwüstenden Händen des Ackerbau treibenden Menschen zu fallen.« Und er schrieb als Erster einen Gedanken nieder, der vorwegnahm, was Jahrzehnte später zu einer unerwartet breiten Bewegung werden sollte: »Warum kann man nicht den Indianer, den Bison und ihr wildes

Heimatland durch eine großartige Schutzpolitik der Regierung in einem herrlichen Park bewahren … Welch ein schönes, aufregendes Musterstück, das Amerika da bewahren könnte, um es verständigen Menschen im eigenen Land und in aller Welt in künftigen Zeiten vor Augen zu führen! Ein Park der Nation zur Erhaltung von Mensch und Tier in all der Wildheit und Frische ihrer natürlichen Schönheit.«

Catlin war damals mit seiner Vision eine Ausnahmeerscheinung, aber er war längst nicht mehr der Einzige, der seine Stimme für die natürliche Schönheit der Wildnis erhob. Im Osten der USA hatte James Fenimore Cooper mit seinen nostalgischen Schilderungen aus den Pioniertagen Neuenglands ein breites Publikum gefunden, von Rousseau und der europäischen Romantik beeinflusste Einzelgänger wie Henry David Thoreau und Ralph Waldo Emerson predigten – weitgehend unbeachtet und bestenfalls als harmlose Spinner abgetan – ihr Credo einer fast spirituellen Naturverehrung. Sie schrieben Sätze wie: »In der Wildnis liegt die Rettung der Welt«, oder »Im Wald kehren wir zu Vernunft und Glauben zurück …«

DIE EROBERUNG DES KONTINENTS

Für die breite Masse der amerikanischen Nation brach nach dem Ende des Bürgerkriegs aber zunächst einmal die Zeit der Eroberung der schier endlosen, noch größtenteils unbekannten Weiten westlich des Mississippi an. Wissenschaftliche Expeditionen, Landvermesser und Prospektoren folgten den Spuren von Pelzjägern und Abenteurern über die Great Plains, erkundeten Pässe über die Rocky Mountains, erforschten die Schluchten des Colorado River, durchquerten die Wüstenlandschaften des Südwestens und erschlossen so binnen weniger Jahrzehnte den ganzen Kontinent bis zum Pazifik. Fast auf dem Fuße folgten ihnen Scharen von landhungrigen Siedlern, Viehzüchtern und Goldsuchern, diese trieben die Indianer in Reservationen zusammen, schoben mit Axt und Pflug die Zivilisationsgrenze unaufhaltsam immer weiter nach Westen vor und veränderten das Gesicht der Erde, ohne sich um die Folgen zu kümmern. Schier unerschöpflich schien ja der Reichtum an Land, Wildtieren, Wäldern und Bodenschätzen; die

Erfindungen der Industriellen Revolution, allen voran die Eisenbahnen, leisteten einem fast hemmungslosen Raubbau an den natürlichen Ressourcen Vorschub. Während die Schienenstränge immer weiter nach Westen wanderten, schwelgten die Bautrupps in Büffelfleisch und in den Lokomotiven wurden täglich siebzigtausend Festmeter Holz verfeuert. Noch 1872 zogen 15 Millionen Bisons über die Prärien des Mittleren Westens, ein Jahrzehnt später waren nicht einmal mehr tausend davon übrig.

Vor diesem Hintergrund wuchs jedoch auch die Zahl der Nachdenklichen, die begriffen, dass der Tag immer näher rückte, an dem es in diesem riesigen Land kein Stück unberührter Natur mehr geben werde, und dass der amerikanische Pioniergeist mit jedem Baum, der gefällt wurde, die Axt an die eigenen Wurzeln legte. Es waren die Aufsehen erregenden Berichte zweier wissenschaftlicher Expeditionen, die 1870/71 das sagenumwobene Yellowstonegebiet erforscht hatten, die entscheidend die Verwirklichung eines Gedankens beförderten, der angesichts des wachsenden Unbehagens gewissermaßen in der Luft lag. 1872 stellte die US-Regierung das heutige Parkgebiet als ersten Nationalpark der Vereinigten Staaten und in der ganzen Welt unter Schutz.

DER NATIONALPARK-
GEDANKE

Auch wenn die Gründung des Yellowstone Nationalparks damals eher als singulärer Ausnahmefall verstanden wurde, scheint es, als hätte die Welt nur auf diese Initialzündung gewartet: Schon 1876 richtete Mexiko den Nationalpark El Desierto de los Leones ein, im Jahr 1885 entstand in Kanada der Banff Nationalpark mit tatkräftiger Unterstützung der Canadien Pazifik Railroad – »Wenn wir die Landschaften nicht exportieren können, müssen wir die Touristen importieren«, sagte der Präsident der Eisenbahngesellschaft – und 1898 wurde in Südafrika der spätere Krüger-Nationalpark als erstes Wildschutzgebiet auf dem Schwarzen Kontinent eingerichtet. Auch in den USA schuf der Kongress in den 1890er-Jahren und nach der Jahrhundertwende eine Reihe weiterer Nationalparks wie Mount Rainier, Crater Lake, und Glacier.

Der idealistische Impuls war oft begleitet von dem pragmatischen Wunsch, den Tourismus zu fördern: Die Eisenbahngesellschaften des Westens unterstützten die Bewegung und errichteten in den Naturschutzgebieten große, rustikale Hotels zur Steigerung ihres Passagieraufkommens.

Den Anspruch, das erste Naturschutzgebiet in den Vereinigten Staaten überhaupt gewesen zu sein, kann jedoch das Yosemite Valley in der Sierra Nevada Kaliforniens erheben. Nur wenige Jahre nach seiner Entdeckung war sein Ruhm so unüberhörbar bis nach Washington D.C. gedrungen, dass 1864 der junge Bundesstaat Kalifornien mit der Erhaltung der unberührten Schönheit des »unvergleichlichen Tals« beauftragt worden war. In den Bergen der Sierra Nevada fand die amerikanische Naturschutzidee auch ihren Propheten in John Muir, einem seltsamen Kauz, der in Schottland geboren, auf einer Farm in Wisconsin aufgewachsen und tausend Meilen durch den Süden getrampt war, ehe er als Schafhirte in Kalifornien landete. Muir konnte stundenlang schwarze Ameisen beobachten, unterhielt sich mit Bäumen und schrieb seine Briefe mit dem Saft von Mammutbäumen. Er schlief bei Schneesturm im Freien, erkletterte eine 30 Meter hohe Tanne, um das Toben des Sturms am eigenen Leib zu erfahren oder ritt auf einer Lawine. »Steigt auf die Berge und hört ihre Botschaft«, schrieb er, »und der Frieden der Natur wird in euch fließen wie das Sonnenlicht durch die Bäume.« Wie Moses vom Berge stieg er 1871 von den Höhen der Sierra Nevada herab, um gegen die ungeheure Verblendung zu kämpfen, die Welt sei ausschließlich zum Nutzen des Menschen geschaffen worden. Vor allem seiner unermüdlichen publizistischen Tätigkeit war es zu verdanken, dass 1890 Präsident Benjamin Harrison das Gesetz zur Schaffung der Nationalparks Sequoia, Kings Canyon und zur Umwandlung und Vergrößerung des Reservats in der Sierra Nevada in den Yosemite Nationalpark unterzeichnete. 1892 gründete Muir den Sierra Club, die bis heute einflussreichste Naturschutzorganisation in Kalifornien, mit dem Ziel, »die malerischen Landschaften der Nation zu erforschen, sich an ihnen zu erfreuen und sie zu schützen.«

ORGANISATION UND VERWALTUNG

Im ausgehenden 19. Jahrhundert wuchs auch das Interesse an der Erhaltung historischer Zeugnisse der Indianerkultur auf öffentlichem Grund und Boden. Die erste Schutzmaßnahme des Kongresses dieser Art galt 1889 den Ruinen von Casa Grande in Arizona. 1906 wurde der Mesa Verde Nationalpark mit seinen spektakulären Felsensiedlungen im Südwesten von Colorado geschaffen. Der Antiquities Act ermächtigte den Präsidenten, »historische oder prähistorische Bauwerke sowie andere Objekte von historischem oder wissenschaftlichem Interesse« als National Monuments unter Bundesverwaltung zu stellen. Allein unter der Präsidentschaft von Theodore Roosevelt entstanden auf diese Weise 18 National Monuments, wie die Felsmalereien von El Moro in New Mexiko, die Naturwunder von Petrified Forest in Arizona und der Grand Canyon, die später in Nationalparks umgewandelt wurden.

Bis 1916 war das Innenministerium für 14 Nationalparks und 21 National Monuments zuständig, es fehlte jedoch eine eigenständige Organisation zur Verwaltung der Parks. Mit dieser Aufgabe war bis dahin die Armee betraut, die zu diesem Zweck Truppenkontingente abstellte. Diese Kavallerieeinheiten und ihre Truppeningenieure legten Parkstraßen und Unterkünfte an, versuchten, die Schädigungen der Schutzgebiete durch Jäger, Viehzüchter und Holzfäller zu bekämpfen und den Besuchern ihre bestmögliche Unterstützung anzubieten. Während die Nationalparks der Aufsicht ziviler Superintendenten unterstellt waren, standen die Monuments nur unter minimaler Obhut. Da eine Zentralverwaltung fehlte, arbeiteten die Verantwortlichen ohne übergeordnete Richtlinien oder eine gemeinsame Oberaufsicht.

NATURSCHUTZ UND WASSERKRAFT

Die Nationalparks waren auch immer Gegenstand von Interessenskonflikten auch innerhalb der wachsenden Bewegung der Naturschützer. Bei der Auseinandersetzung um den Bau eines Staudamms im Hetch Hetchy Valley von Yosemite prallten zu Beginn des neuen Jahrhunderts die gegensätzlichen Meinungen von Pragmatikern und Puristen heftig aufeinander. Der Naturschützer John Muir startete einen wütenden Kreuzzug gegen den Antrag der Stadt San Francisco zum Bau eines Wasserreservoirs mitten im erst vor wenigen Jahren errichteten Nationalpark: »Diese Tempelzerstörer scheinen die Natur vollständig zu verachten, und statt ihre Augen zu dem Gott der Berge zu erheben, beten sie den allmächtigen Dollar an.« Dennoch billigte der Kongress 1913 die Überflutung von Hetch Hetchy auch mit Zustimmung von Präsident Theodor Roosevelt und seines obersten Forstbeamten Giffort Pinchot, die zwar in den ersten Jahren des 20. Jahrhunderts einige der wichtigsten Umweltschutzprogramme der Regierung in die Wege geleitet und nicht weniger als 50 Millionen Hektar Nationalforste in Wildschutzgebiete umgewandelt hatten, für die aber Naturschutz und ökonomische Nutzung als gleichrangige Ziele rangierten.

Das Disaster von Hetch Hetchy hatte die institutionelle Schwäche der Naturschutzbewegung gegenüber den Bundesbehörden, die für die Nutzung der natürlichen Ressourcen des Landes zuständig waren, offenkundig gemacht und aktivierte die Anhänger einer uneingeschränkten Erhaltung der letzten Wildnisgebiete. Ihr Wortführer wurde Stephen T. Mather, ein einflussreicher Unternehmer aus Chicago, der aufgrund seiner Beschwerden über das Missmanagement der Nationalparks schließlich vom Innenministerium mit der politischen Leitung und Reorganisation der Bundesaufsicht über Naturschutzgebiete betraut wurde. Im Kampf für eine zentrale Parkverwaltung gelang es ihm, mit

Hilfe einer breit angelegten Pressekampagne die bis dahin unversöhnlichen Lager auf das gemeinsame Ziel einzustimmen: Im August 1916 wurden alle dem Bund unterstellten Schutzzonen der Leitung des neugebildeten National Park Service unterstellt. An die Stelle der Armee, die bis dahin in den Parks patrouillierte, trat ein einheitlich geschultes und uniformiertes Personal. Das Erscheinungsbild der Ranger orientierte sich am Vorbild ihrer Vorgänger: der Smokey Bear, der breitrandige Kavalleristenhut, wurde zu ihrem Markenzeichen.

Die ersten Besucher der Nationalparks im 19. Jahrhundert waren noch mit der Postkutsche oder auf dem Pferderücken angereist, hausten unter primitiven Bedingungen in Zelten oder rohen Unterkünften und wurden mehr schlecht als recht von der Armee betreut. Heute gibt es bequeme Parkstraßen, eine mustergültige Infrastruktur und Tausende von Mitarbeitern der Parkverwaltungen, die bei allen Fragen und Problemen mit Rat und Tat zur Seite stehen. 1942 waren es schon 6 Millionen Besucher, die in den Nationalparks der USA Erholung und die Begegnung mit der unberührten Natur suchten, an der Jahrtausendwende bereits eine halbe Milliarde – eine unübersehbare Bestätigung für die prophetischen Worte des zu seiner Zeit viel belächelten Sonderlings John Muir: »Tausende müder, zivilisationsgeschädigter Menschen werden erkennen, dass in die Berge gehen heißt, heimzukommen, dass der Mensch die Wildnis braucht und dass Parks und Schutzgebiete nicht nur Ressourcen für Holz und Wasser, sondern auch Quellen des Lebens sind.«

Seite 22/23:
Die ersten Nachtfröste tauchen die tiefen Wälder von Maine in das Farbenmeer des „Indian Summer".

Seite 20/21:
Vom Goosenecks Overlock im Capitol Reef Nationalpark (Utah) hat man die beste Aussicht auf das tief in den Fels grabene Bett des Sulphur.

Seite 24/25:
94 Meter tief stürzen die tosenden Wasser des Yellowstone River über die Lower Falls in den Grand Canyon of Yellowstone.

WÄLDER, SÜMPFE UND INSELN –

Ein Paradies für Kanu-fahrer ist das Labyrinth der Flussläufe, Inseln und Seen im Sumpfgebiet Okeenokee in Georgia. In den Bundesstaaten des amerikanischen Ostens finden Erholungs-suchende in State Parks, National Wildlife Refuges und Wilderness Areas zahlreiche Naturreservate oft nur wenige Kilometer vor der Haustür.

Die Idee zur Errichtung von National-parks wurde zwar Mitte des 19. Jahrhunderts in den Metropolen an der Ostküste in die Tat umgesetzt, es sollte jedoch noch fast ein halbes Jahrhundert dauern, ehe auch im histori-schen Kernland der USA mit dem Acadia Nationalpark auf Mount Desert Island vor der Küste von Maine der erste Nationalpark östlich des Mississippi eingerichtet wurde. Die ersten amerikanischen Nationalparks hatten nichts oder nur wenig mit ökologischen Gesichtspunkten zu tun, im Vordergrund standen vielmehr spektakuläre Aus- und An-sichten: Hochgebirgsszenerien, Schwindel erregende Canyons oder bizarre Felstürme in sengenden Wüsten. Mit dem Schutz der subtropischen Sumpflandschaft der Ever-glades im Süden Floridas wurde erstmals ganz bewusst der Versuch unternommen, ein komplexes Ökosystem vor der weiteren Zerstörung zu bewahren. In unmittelbarer Nachbarschaft dienen die Meeresreservate der Nationalparks von Biscayne und der Dry Tortugas der Erhaltung der fragilen Unterwasserwelt an den Korallenriffen vor der Küste Floridas.

Durch gezielte Landaufkäufe und Wiederaufforstung entstanden in den 30er-Jahren zwei große Naturschutzgebiete in den Appalachen. Besonders an Herbstwochen-enden, wenn die Nebel aus den Tälern ziehen und das Laub in allen Farben leuchtet, strömen die Erholungsuchenden zu Zehntausenden in die Nationalparks Shenandoah in der Blue Ridge von Virginia und Great Smoky Moun-tains an Grenze von Tennessee zu North Carolina. Unter der hügeligen Karstland-schaft am Green River in Kentucky verbirgt sich im Mammoth Cave Nationalpark das größte Höhlensystem der Erde.

Neben Nationalparks im engeren Sinne findet man aber gerade in den Bundesstaaten im Osten der USA eine Vielfalt von weniger bekannten, aber wunderschönen kleineren Natur- und Wildschutzgebieten – ein schier unerschöpfliches Reservoir für ganz indivi-duelle Abenteuer und Entdeckungen.

Links:

*Die ausgedehnten Süß-
wassermarschen des Big
Cypress Swamp an der
Nordgrenze des Everglades
Nationalparks (Florida)
kämpfen ums überleben.*

*Das Meer aus Sägegras
mit seinen flachen fisch-
reichen Gewässern ist
durch menschliche
Eingriffe bereits zur
Hälfte ausgetrocknet.*

Ganz oben:

*Im Miccosukee Indian
Village bieten
Abkömmlinge der im
19. Jahrhundert ver-
triebenen Seminolen
Ausflugsfahrten in die
Everglades an.*

Oben:

*In Chokoloskee finden
Besucher des Everglades
Nationalparks Möglich-
keiten zur Übernachtung
in Wohnwagen oder
kleinen Hütten.*

BEDROHTE SÜMPFE -

Die Süßwassermarschen und Sümpfe der Everglades an der Südspitze Floridas gehören zu den größten Besuchermagneten im Sunshine State. Der rund 6000 Quadratkilometer große Nationalpark umschließt nur etwa den fünften Teil eines auf der Welt einmaligen Ökosystems, das im Norden bis zum 100 Kilometer entfernten Lake Okeechobee reicht und damit fast den gesamten Südwesten der Halbinsel Florida einnimmt.

Während der feuchten Jahreszeit fließt das überlaufende Wasser des nur 4,5 Meter über dem Meeresspiegel gelegenen Lake Okeechobee und einiger anderen Seen auf einer Breite von fast 150 Kilometern in einem stetigen, nur wenige Zentimeter tiefen Strom langsam über das unmerklich zum Golf von Mexiko abfallende Land und verwandelt es in ein riesiges System von Sümpfen, den Lebensraum einer auf dem amerikanischen Kontinent einmaligen Artenvielfalt von Pflanzen und Tieren. Wenn während der trockenen Jahreszeit von Januar bis April der Wasserfluss allmählich versiegt, blciben zahllose seichte Tümpel und feuchte Mulden voll mit wimmelndem Leben zurück, in denen Stelzvögeln und Alligatoren während der Brutzeit reiche Nahrung finden.

Die Everglades verdanken ihren Namen dem scheinbar endlosen Meer aus hartem Sägegras, das die schlammigen Kalkböden der periodisch überfluteten Küstenebene bedeckt. Aus den riesigen Grasflächen erheben sich wie Inseln die so genannten »Hammocks«. Dicht bewachsen mit Königspalmen, Mahagonibäumen und anderen tropischen Hölzern erreichen die flachen Erhebungen nirgendwo eine größere Höhe als zweieinhalb Meter über dem Meeresspiegel.

Schon seit Ende des 19. Jahrhunderts wurde dieser einzigartige Lebensraum für eine üppige Pflanzenwelt und eine Vielzahl speziell angepasster Tiere durch voranschreitende Besiedlung und landwirtschaftliche Nutzung immer mehr eingeengt. Die Trockenlegung weiterer Gebiete, der Bau von Staudämmen, Straßen und Kanälen und die Einleitung von Schadstoffen beeinträchtigte den zum Überleben vieler Arten notwendigen Zyklus der Wasserzufuhr nachhaltig.

Als 1947 der südliche Teil der Everglades unter Schutz gestellt wurde, entstand der erste Nationalpark in den Vereinigten Staaten, der nicht wegen seiner imposanten Landschaftsbilder oder seiner historischen Bedeutung errichtet wurde, sondern in erster Linie, um das Überleben einer bedrohten Tier- und Pflanzenwelt zu sichern. Der Park bietet mehr als 50 Land- und Meeressäugern, über 50 Reptilien- und über 300 Vogelarten einen geschützten Lebensraum. Während der einstmals verbreitete Schwarzbär wohl ganz aus Florida verschwunden ist, haben die letzten Florida-Panther, eine Unterart des Berglöwen, hier ebenso eine letzte Zuflucht gefunden wie das vom Aussterben bedrohte amerikanische Krokodil, das im Gegensatz zum wieder häufiger vorkommenden Alligator im Salzwasser lebt. Zu den Meeresbewohnern im Parkgebiet zählen auch Delphine, die selten gewordenen Seekühe, mehr als ein Dutzend Schildkrötenarten und über 500 Fischarten. Besonders für Ornithologen ist der Nationalpark ein wahres Paradies. Viele Vögel kommen nur hier in ganz Nordamerika vor, einige sind vom Aussterben bedroht. Vor allem als Folge menschlicher Eingriffe in den natürlichen Wasserhaushalt der Everglades ist die Zahl der Watvögel, die in Kolonien in den südlichen Everglades nisten, seit den 30er-Jahren allerdings um 93 Prozent zurückgegangen – von 265 000 auf 18 500. Zu den ganzjährigen Bewohnern zählen unter anderem Braun- und Weißpelikane, Schlangenhalsvögel und mehrere Reiherarten.

Der Park reicht vom Highway 41 im Norden, dem so genannten Tamiani Trail, bis zum Golf von Mexiko und schließt im Südosten den größten Teil der flachen Mangroveninseln im seichten Brackwasser der Florida Bay ein. Zur Küste des Golfs von Mexiko hin geht die Graslandschaft in eine Zone fast undurchdringlicher Süßwassersümpfe über. Im Halbdämmer uralter Sumpfzypressen wuchert eine üppige subtropische Vegetation. Zwischen umgestürzten Baumstämmen finden Palmen, Farne und Moose Halt, von den Ästen hängen Schlingpflanzen, Flechten und Orchideen. Dahinter, in der Mischzone zwischen Süß- und Salzwasser, liegt ein dichter Mangrovengürtel, durch den ein riesiges Labyrinth schmaler Wasserwege führt.

Vom Haupteingang des Everglades Nationalparks bei Florida City führt eine Straß 38 Kilometer weit zur ehemaligen Fischersiedlung Flamingo, dem Ausgangspunkt fü Bootstouren durch die Mangrovenwälde und in die Florida Bay. Ein unvergessliche Erlebnis, das jedoch einige Vorbereitung er fordert, ist eine Kanufahrt auf dem Wilder ness Waterway, der 160 Kilometer durch die schmalen Wasserschneisen des Mangroven gürtels nach Everglades City am nordwest lichen Parkeingang führt und für die gut ein Woche Zeit eingeplant werden muss.

Unten:
Die Everglades erkundet man mit dem Propellerboot, das mit seinem ge- *ringen Tiefgang bestens geeignet ist, die flachen Gewässer zu befahren.*

Unten:

Die so genannten »Hammocks«, flache Bauminseln im Grasmeer der Everglades, bieten Vögeln und Alligatoren die trockenen und warmen Brutplätze, die zu ihrem Überleben notwendig sind.

Unten:

Das subtropische Feuchtgebiet der Everglades ist die Heimat von über 300 einheimischen Vogelarten. Im Winter treffen zusätzlich riesige Schwärme von Zugvögeln aus ganz Nordamerika ein.

Rechts:

Für Touristen mag es ein Nervenkitzel sein, für den Alligator ist der Schaukampf ohne jeden Reiz. Menschen gehören halt nun wirklich nicht in sein Beuteschema.

Oben und oben Mitte:

In drei Indianerkriegen wurden die Seminolen beinahe ausgerottet. Ihre Nachfahren leben heutzutage in der Big Cypress Seminole Indian Reservation.

Unten:

Das Sumpfgebiet der Okefenokee National Wildlife Refuge (Georgia) ist eines der größten Süßwasserbecken in den Vereinigten Staaten. Über dem Grund eines prähistorischen Meeresbeckens bildeten sich in Jahrtausenden bis zu 15 Meter dicke Torfschichten. Das indiani-sche Wort Okefenokee bedeutet sehr treffend »zitternde Erde«: Allein durch ein kräftiges Aufstampfen mit dem Fuß lässt sich der insta-bile Untergrund ohne Mühe in Schwingungen versetzten. Gerbstoffe aus der vermodernden Vegetation haben die sehr langsam fließenden Gewässer gelb wie Tee gefärbt. Schon vor langer Zeit haben Waldbrände die früheren Baumbestände zerstört. Das heute vorwiegende Grasland ist die Heimat einer Vielfalt seltener Sumpfpflanzen und Vögel: Am Rand der Gewässer brüten Reiher, Ibisse, Kraniche und Rohrdommeln.

Rechts:

Festen Boden für die Übernachtung bieten dem Kanufahrer eigens errichtete Stege.

Oben und rechts:
Mehr als 1200 Kilometer Wanderwege führen durch die schier endlosen Bergwälder des Great Smoky Mountains Nationalparks im Grenzgebiet zwischen North Carolina und Tennessee. Einzig der Wiesengrund von Cades Cove (oben) wurde im 19. Jahrhundert gerodet. Dort können Pferde gemietet werden, denn der Park verfügt auch über einige hundert Kilometer Reitpfade. Wem eine Pferdestärke nicht genügt, der kann auf dem Auto-Lehrpfad des Roaring Fork Motor Nature Trail das Waldidyll der Grotto Falls (rechts) auf Rädern besuchen.

An den Stromschnellen und Wasserfällen des
Amicalola Falls State Park (Georgia) lag einst
die Heimat der Cherokee, bis sie 1838 auf dem
»Marsch der Tränen« deportiert wurden.

Die zerklüfteten Canyons im Providence Canyon
State Park (Georgia) entstanden durch Erosion,
nachdem Farmer vor 150 Jahren die Wälder zur
Gewinnung von Ackerland gerodet hatten.

Die Wasser der Anna Ruby Falls und des Smith Creek
rauschen im Unicoi State Park bei Robertstown
(Georgia) durch die Wälder der südlichen
Appalachen.

Links:
Wenn ganz Georgia in
den Hundstagen des
Hochsommers unter
Hitze stöhnt, finden Wan-
derer im Vogel State Park
erfrischende Kühle. Das
Naturschutzgebiet im
Herzen des Chattahoochee
National Forest liegt im
Schatten der Blood
Mountains an der
Grenze zu Tennessee in
rund 800 Meter Höhe.

Die Entstehung des 1919 gegründeten Acadia Nationalparks – des Ersten östlich des Mississippi – an der Nordostküste von Maine ist insofern ungewöhnlich, weil er weder auf Staatsland entstanden ist, noch durch öffentliche Gelder erworben wurde. Seine Verwirklichung ist vielmehr das Verdienst einflussreicher und wohlhabender Sommergäste, die in enger Zusammenarbeit mit der einheimischen Bevölkerung keine Kosten scheuten, um das Naturparadies an der rauen Atlantikküste Neuenglands vor der Zerstörung zu bewahren.

Bis zur Errichtung einer regelmäßigen Dampferverbindung in der 1850er-Jahren teilten nur Hummerfischer, Schiffsbauer und Küstenwächter in einer Hand voll kleiner Küstensiedlungen die Einsamkeit der zerklüfteten Insel. Bald entdeckten Maler und Schriftsteller dieses urwüchsige Paradies mit seinen Seen und Wäldern, steilen Klippen und tief ins Land reichenden Buchten und Fjorden. Als nach der Jahrhundertwende der wachsende Rummel auf Mount Desert Island durch den Bau immer neuer Sommervillen und Yachthäfen das Idyll zu zerstören drohte, ergriffen einflussreiche Privatleute – darunter Charles W. Eliot, ein ehemaliger Präsident der Harvard Universität, und vor allem der Multimillionär John D. Rockefeller Jr. – die Initiative zur Errichtung eines Naturschutzgebietes. Allein Rockefeller kaufte mehr als 4500 Hektar Land auf, ein Drittel der heutigen Parkfläche, und finanzierte bis 1933 den Bau von rund 90 Kilometern geschotterter Kutschenwege für Wanderer, Radfahrer und Reiter. Im Jahr 1913 gab Präsident Woodrow Wilson grünes Licht für die Errichtung des Sieur de Monts National Monument, das 1919 zum Nationalpark erklärt und 1929 als Acadia Nationalpark seinen heutigen Namen erhielt.

Die Landschaft auf Mount Desert Island ist von den Gletschermassen der letzten Eiszeit geformt worden. Zwischen den rundgeschliffenen, kahlen Berggipfeln schürften sie lang gezogene Trogtäler in den Granit und Dorit des uralten Tiefengesteins und hinterließen nach ihrem Abschmelzen leuchtend blaue Seen, an deren Ufern Espen, Birken und Ahorn wachsen. Zusammen mit Schimmelfichten, Rotfichten und Balsamtannen bilden sie die für die ganz Neuengland typischen Mischwälder, die sich im Indian Summer in leuchtende Farben kleiden – die Heimat von Weißwedelhirschen, Waschbären und Stinktieren. Wenn im April der Schnee schmilzt, sind die Wiesen mit Blumenteppichen übersät. In den sumpfigen Niederungen kann man Reiher, Enten und Biber beobachten. Fast die gesamte Insel ist durch ein dichtes Netz von Wanderrouten aller Schwierigkeitsgrade erschlossen, vom kurzen flachen Strandweg bis zum steilen Precipice Trail. Auf zusammenhängenden Wegen kann man mehrere der Gipfel nacheinander ersteigen, die der Insel den Namen gaben. Nach den baumlosen Bergrücken, die er im Inneren erblickte, taufte der französische Entdecker Samuel de Champlain im Jahr 1604 das unbekannte Eiland »l'Isle des Monts Déserts«, Insel der kahlen Berge. Vom 466 Meter hohen Cadillac Mountain, der höchsten Erhebung der Insel, hat man einen herrlichen Rundblick bis hinüber zur Schoodic Pensinula auf dem Festland.

Mount Desert Island ist gerade einmal 25 Kilometer im Durchmesser groß, aber das Meer schiebt sich in tiefen Buchten und im lang gestreckten Fjord des Somes Sound weit ins Binnenland vor. Das Rauschen der Brandung, der kühle Seewind und der Wechsel der Gezeiten sind allgegenwärtig. Besonders am Morgen liegt die Insel oft unter einem Schleier von Dunst und Nebel. Irgendwo draußen in der formlosen Welt tuckern dann gedämpft die Bootsmotoren der Hummerfischer vom Festland. In der Mittagssonne ist die leuchtend blaue Oberfläche der See mit Hummerboien übersät.

An der Südostseite, wo sich bis zu 30 Meter hohe Klippen gegen die Brandung des Atlantik stemmen, hat die Urgewalt der Wogen tiefe Breschen in den Granit geschlagen, etwa im Thunder Hole, einer lang gezogenen Felskluft, in der sich bei steigender Flut die Wogen in haushohen Gischtfontänen brechen oder in Anamone Cave, einer Küstenhöhle, in der bei Ebbe die reiche maritime Tierwelt in den zwischen den Felsen zurückgebliebenen Gezeitentümpeln zu beobachten ist.

Die Felsspalten und Höhlen entlang der Küste bieten geschützte Nistplätze für Zehntausende von Seevögeln. Vogelkundler zählen mehr als 300 Arten, von denen 122 hier brüten. Nur mit dem Postschiff oder mi Ausflugsbooten sind die Isle du Haut, die wildeste und am wenigsten besuchte Inse des Nationalparks, und die kleinen Inseln südlich von Mount Desert Island zugänglich Auf Baker Island aalt sich eine Seehund kolonie zu Füßen eines längst aufgegebenen Leuchtturms, auf der Insel Little Cranberry Island zeigt das Islesford Museum mi Schiffsmodellen, Werkzeugen und Bildern das einsame Leben der Leuchtturmwärter im 19. und frühen 20. Jahrhundert.

Unten:
Die glatt geschliffenen
Felsen von Ship Hadbor
sind Zeugen der letzten
Eiszeit.

Rechts:
Den letzten Schliff erhielten die abgetragenen Bergrücken auf Mount Desert Island durch die bis zu 1000 Meter dicken Gletscher der Eiszeit. Schmale Schotterpfade winden sich über die Bergflanken bis auf die Gipfel von Sargent Mountain und Penobscot Mountain mit herrlichen Ausblicken zum Somes Sound und zur Frenchman Bay.

Ganz rechts:
In den Mischwäldern der Talmulden, wo Farne und Moose den feuchten Waldboden bedecken, sind Biber, Waschbären und Bisamratten zu Hause.

Oben Mitte:
Wo dieses Schild warnt, ist Vorsicht geboten. Elche sind mit rund 800 Kilogramm Gewicht so groß und schwer wie Pferde.

Oben:
Selbst in exponierten, höheren Lagen behaupten sich einige speziell angepasste subarktische Blumenarten zwischen den Granitbrocken.

Rechts:
In der Frenchmen Bay landete im Jahr 1604 der Franzose Samuel de Champlain als erster Europäer auf Mount Desert Island (Acadia Nationalpark, Maine).

Während der Kriege mit Großbritannien nutzten französische Fregatten den Ankerplatz im Schutz der vorgelagerten Porcupine Islands als Versteck.

Der Basaltpfropfen des Devils Tower ragt 390 Meter aus dem sanften Hügelland von Wyoming empor. Er ist das Werk eines Durchbruchs flüssiger Magma aus dem Erd- inneren vor rund 50 Millionen Jahren. Das Naturreservat des Devils Tower National Monument weist als weitere Attraktion einen bemerkenswerten Tierreichtum auf.

Schon im 18. Jahrhundert erkundeten franco-kanadische Pelzjäger auf zerbrechlichen Birkenkanus die Wasserwege, die von den Großen Seen ins Innere Kanadas führten. An ihren Routen lag das Inselparadies des Isle Royal Nationalparks in der Nordwestecke des Lake Superior und das Seenland des Voyageurs Nationalparks an der Grenze von Minnesota zu Kanada.

Im Einzugsgebiet des Missouri erhebt sich die bizarre Welt der Badlands von North Dakota im Theodore Roosevelt Nationalpark. In South Dakota ragen die Black Hills mit dem Mount Rushmore wie eine Insel aus Granit aus den Great Plains auf. In ihrer Nachbarschaft führen die Kalksteingrotten des Wind Cave Nationalparks tief in die Erde hinab und ein Stück weiter östlich, im Badlands Nationalpark am White River, hat die Erosion eine gespenstische Mondlandschaft wie von einem anderen Stern geschaffen.

Am Westrand der Great Plains erstreckt sich die gewaltige Barriere der Rocky Mountains über mehr als 3200 Kilometer von New Mexiko bis in die kanadische Provinz British Columbia. Das »steinerne Dach Amerikas« wartet vom Rocky Mountains Nationalpark in Colorado bis zu den scharfen Graten, steilen Wänden und lang gezogenen Bergseen des Glacier Nationalparks in Montana mit grandiosen Gebirgsszenerien auf. Ein »Melting Pot«, eine Kammer flüssigen Magmas unter der Erdkruste, ist für die heißen Quellen, Geysire und rauchenden Schwefelspalten im Yellowstone Nationalpark verantwortlich. Vulkanischen Ursprungs ist auch der schroffe Granitkamm, der in unmittelbarer Nachbarschaft den Talboden des Grand Teton Nationalparks um 2100 Meter überragt.

In Arkansas, weit im Süden schließlich, sind die Thermalquellen im Hot Springs Nationalpark schon seit Beginn des 19. Jahrhundert ein »heißer« Tipp für Badegäste, die in unverfälschter Natur Erholung suchen.

Unten:
Bis weit in den Sommer
ziehen sich breite Schnee-
bänder um die schroffen
Gipfel der Moroon Bells
im White River National
Forest (Colorado). Winter-
sportler finden hier, im
Herzen der Rocky Moun-
tains, einen Traum aus
Pulverschnee.

Unten:

*Bis über die Wolken hin-
auf windet sich die Trail
Ridge Road im Rocky
Mountains Nationalpark
(Colorado). Auf 3961
Meter Höhe schweift
der Blick weit über das
Panorama der Drei-
und Viertausender.*

Ganz unten:

*Schwindel erregende
Abgründe aus Schiefer
und Gneis flankieren die
Schlucht des Gunnison
River. Der Black Canyon
of the Gunnison (Colorado)
ist seit Oktober 1999 das
jüngste Mitglied im Club
der Nationalparks der USA.*

Seite 44/45:
*Die Gipfel des
Glacier Nationalparks
(Montana) spiegeln sich
Two Medicine Lake.*

Unten:

Wenn im Iceberg Lake (ganz unten) des Glacier Nationalparks (Montana) das letzte Eis schmilzt, erwacht eine reiche Tierwelt. Die menschen-scheuen Grizzlybären, Berglöwen und Luchse wird man nur selten zu Gesicht bekommen. Sehr viel zutraulicher sind da schon die zahlreichen Schneehasen (oben) sowie Erd- und Streifen-hörnchen. Murmeltiere (Mitte) erkennt man an ihrem schrillen Warn-pfiff – aber dann sind sie meisten schon weg.

Unten:

Die Brücke über die Saint Mary Falls am öst-lichen Parkeingang ist ein guter Platz, um sich auf den Grundakkord des Glacier National-parks einzustimmen: Wasser und Fels prägen die Gebirgslandschaft der Rocky Mountains an der Grenze zu Kanada.

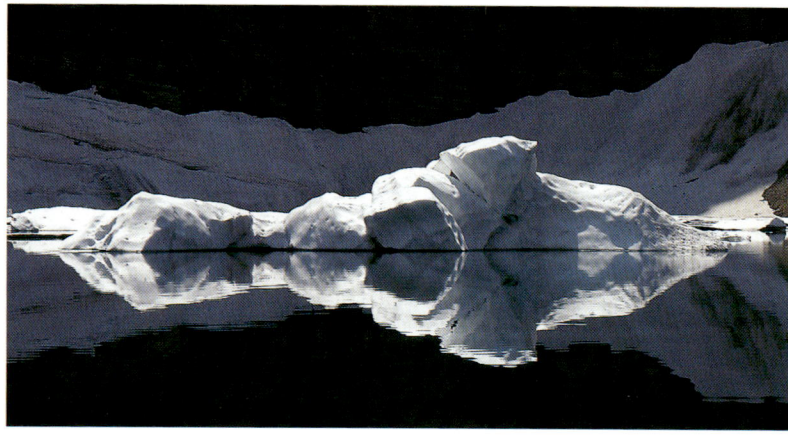

Links:
Der Sommer in den Bergen von Montana ist kurz, und selbst tagsüber ist es empfindlich kalt. Abgestorbene Krüppelfichten säumen den Rand der Baumgrenze im Glacier Nationalpark (Montana). Weiter oben trotzen nur noch alpine Gräser und Wildblumen den extremen Lebensbedingungen.

DAS LAND DER GEISTER –

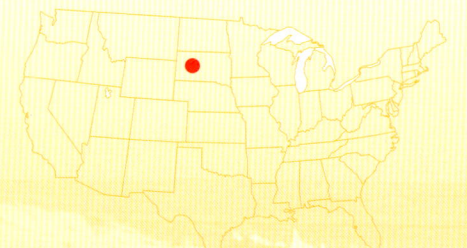

Die bizarre Erosionslandschaft des Badlands Nationalparks erstreckt sich über mehr als 160 Kilometer zwischen dem White River und dem Cheyenne River in South Dakota. »Mako Sica« nannten die Büffeljäger der Lakota – besser bekannt unter dem Namen Sioux – das zerklüftete, fast wasser- und baumlose Terrain in den Grasebenen am White River. Franco-kanadische Pelzjäger übersetzten die indianische Bezeichnung in »mauvaises terres a traverser«, »schwer begehbares Land«, woraus schließlich »bad lands« wurden.

Die ersten Menschen, die hier Spuren hinterlassen haben, waren Mammutjäger vor mehr als 11 000 Jahren. Seit Mitte des 18. Jahrhunderts verdrängten die Lakotas die bisher ansässigen Indianerstämme und wurden zu unumschränkten Herren über die endlosen Prärien und riesigen Büffelherden. Ihre Vorherrschaft dauerte jedoch kaum länger als 100 Jahre. Nach dem Massaker am Wounded Knee wurden die unzugänglichen Badlands Anfang der 1890er-Jahre zur letzten Zuflucht für die Überreste des einst so stolzen Volks. Auf dem Stronghold Table tanzten 1890 die geschlagenen Reste der Lakotas bis zur Erschöpfung den Geistertanz für die Rückkehr der großen Büffelherden und den Niedergang des Weißen Mannes.

Der Nationalpark umschließt auf einer Fläche von knapp 98 000 Hektar die Gipfel und Schluchten, Bergstöcke und weiten Prärien am Rand der 60 Meter über dem White River gelegenen Hochebene und besteht aus drei Zonen. Im am besten bekannten und erschlossenen Nordabschnitt führt eine Straße vom Nordosteingang am Cedar Pass zum Eingang Pinacles am Rand der etwa 26 000 Hektar großen Prärielandschaft der Sage Creek Wilderness Area. Die beiden anderen Parkabschnitte im Süden und Südwesten befinden sich innerhalb des Pine Ridge Indianerreservats. Sie werden aufgrund eines Kooperationsvertrags gemeinsam von den Oglala Lakota und dem National Park Service verwaltet. Diese noch fast unerschlossene Wildnis mit bizarren Tafelbergen und schroffen Schluchten ist mit entsprechender Ausrüstung nur zu Fuß zugänglich. Lediglich das Hochplateau des Sheep Mountain Table ist bei Trockenheit auf einer unbefestigten Schotterstraße mit dem Auto erreichbar.

Trotz ihrer weglosen Einsamkeit und der fast körperlich spürbaren tiefen Stille sind die Badlands kein totes Land. Auf den weiten Grasflächen der größten noch erhaltenen Mischgras-Prärie der Vereinigten Staaten weiden Maultierhirsche, Gabelböcke und Bisons, die sich seit ihrer Wiederansiedlung zu einer stattlichen Herde von über 300 Tieren vermehrt haben. Rocky Mountains Dickhornschafe suchen vorsichtig ihren Weg über die steilen Abhänge. Eine Kolonie von Präriehunden tummelt sich fünf Meilen westlich des Pinnacles Eingangs. Große Anstrengungen werden auch unternommen, um den schon ausgestorben geglaubten und mit dem Wiesel verwandten Schwarzfußiltis (Mustela nigripes) wieder einzubürgern, das am meisten bedrohte Landsäugetier in Nordamerika.

Berühmt wurden die Badlands aber durch ihren Fossilienreichtum. Die horizontalen, nur wenig verfestigten Ablagerungen aus Lehm, Sand, Kies, Schiefer und vulkanischer Asche enthalten geradezu ein Lexikon der Erd- und Evolutionsgeschichte des Mittleren Westens. Die ältesten Sedimente bestehen aus den fossilienreichen Ablagerungen eines riesigen seichten Binnenmeeres, das vor 75 Millionen Jahren vom Golf von Mexiko bis nach Kanada reichte. Die gleichen plattentektonischen Vorgänge, die auch die Entstehung der Rocky Mountains bewirkten, hoben den Meeresboden vor 65 Millionen Jahren allmählich über den Wasserspiegel. Es entstanden dichte subtropische Regenwälder, die über Jahrmillionen von Jahren wuchsen. Die versteinerten Humusschichten, die sich nach heftigen Gewittern als leuchtend rote Streifen zwischen den Gelb-, Grau- und Brauntönen der Bergstöcke zeigen, enthalten einen ungewöhnlichen Reichtum von Fossilien prähistorischer Säugetiere vor allem aus dem Zeitalter des Oligozäns, einer Stufe des Tertiärs, vor 23 bis 35 Millionen Jahren. Wind und Frost, eisige Schneestürme im Winter, anhaltende Hitze und Trockenheit im Sommer im Wechsel mit sintflutartigen Wolkenbrüchen haben aus den horizontal verlaufenden Ablagerungsschichten von Jahrmillionen tiefe Rinnen ausgewaschen. Da die Sedimentschichten nicht homogen sind, entstanden durch Verwitterungsunterschiede Treppenstufen-Profile, isolierte unregelmäßige Zinnen, abgeflachte Mesas und gezackte Gebirgskämme, eine wüste, abweisende Einöde, der die Menschen seit Jahrhunderten mit einer Mischung aus Furcht und Faszination begegnen.

Im Sonnenlicht des frühen Morgens oder am Abend, wenn die zerklüfteten Kämme und Spitzen weite Schatten über die Prärie werfen, changieren die schmalen Gesteinsbänder in tausend Tönungen, die keine Farbtafel enthält, und verwandeln die Badlands in eine unwirkliche Welt von fast außerirdischer Mystik.

Unten:
Ich bin schon ziemlich weit in der Welt und besonders in unserem eigenen Land herum-

gekommen«, schrieb der Architekt Frank Lloyd Wright 1935, » aber ich war vollkommen unvorbereitet auf die Offen-

barung, die Dakota Bad Lands genannt werden … Was ich erblickte, gab mir ein unbeschreibliches Gefühl des Anderswo-

seins – einer weit entfernten, ätherischen Architektur … einer endlosen, übernatürlichen Welt … «.

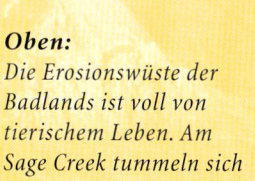

Oben:
Die Erosionswüste der Badlands ist voll von tierischem Leben. Am Sage Creek tummeln sich

Präriehunde; Dickhornschafe und Bergziegen ziehen durch die gezackten Bergstöcke.

Seite 50/51:
Der Snake River windet sich am Fuß der steil aufragenden Teton Range im Grand Teton Nationalpark (Wyoming) entlang.

Das blaue Band des Snake River bietet ideale Voraussetzungen für gemütliche Schlauchboot-Touren (großes Bild) durch den Grand Teton Nationalpark (Wyoming). Von fern grüßt der 4197 Meter hohe Grand Teton (oben), der »steilste Zahn« in der hochalpinen Granitkette. Wenn der Herbst die Espenwälder im Tal einzufärben beginnt, liegt auf den gezackten Gipfeln schon der erste Schnee.

Seite 54/55:
Zwischen den Hügeln des Hayden Valley im Yellowstone Nationalpark (Wyoming) kommt das Wildwasser des Grand Canyon of Yellowstone in gemächlich fließenden Schleifen zur Ruhe.

GEYSIRE UND GRANITGIPFEL -

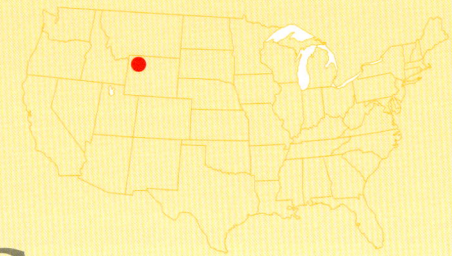

S een voll kochendem Schlamm? Wasser- und Dampffontänen, die 60 Meter hoch aus dem Boden steigen? Für Phantasieprodukte überreizter Nerven von Männern, die zu lange allein in der Wildnis gewesen waren, oder bestenfalls für Jägerlatein hielt man die unglaublichen Geschichten, die Trapper und Fallensteller Anfang des 19. Jahrhunderts aus den Rocky Mountains im fernen Westen mitbrachten. Noch 1869 weigerte sich die New York Tribune, den Bericht einer ersten Forschergruppe abzudrucken, weil sie um den guten Ruf ihres Blattes fürchtete. Erst zwei wissenschaftliche Expeditionen in den Jahren 1870 und 1871 lüfteten den Schleier des Geheimnisses über dem sagenumwobenen Yellowstonegebiet. Ihr Vorschlag, diese Naturwunder unberührt zu erhalten, stieß in Washington schnell auf offene Ohren, zumal sich diese Region nicht zur landwirtschaftlichen Nutzung eignete. Schon 1872 wurden rund 9000 Quadratkilometer unter nationalen Schutz gestellt, als erster Nationalpark der USA.

Heute bildet der Yellowstone Nationalpark im Länderdreieck von Wyoming, Montana und Idaho zusammen mit dem angrenzenden Grand Teton Nationalpark und den sie umgebenden Nationalforsten Gallatin, Targhee, Teton und Shoshone ein noch sehr viel größeres, überwiegend bewaldetes Naturreservat in den mittleren Rocky Mountains. Das so genannte Greater Yellowstone Ökosystem bietet den hier heimischen Großwildarten, darunter Bisons, Wapitihirsche, Braunbären und neuerdings auch wieder Wölfen einen ausreichenden Lebensraum für ihre ausgedehnten Streifzüge und jahreszeitlichen Wanderungen.

Der größte Teil des Nationalparks liegt an der Wasserscheide des amerikanischen Kontinents auf einem Hochplateau in 2100 bis 2500 Meter Höhe, das von bis zu 4000 Meter hohen Bergen umgeben ist. Die Erdkruste ist an dieser Stelle der nordamerikanischen Platte stellenweise nur 6 Kilometer dick. Darunter befindet sich ein so genannter

Melting Pot, eine lokale Aufschmelzungszone aus flüssigem Magma im Erdmantel. Die dünne Gesteinskruste wurde im Lauf der Erdgeschichte mehrmals in gewaltigen Explosionen gesprengt. Die Letzte vor 600 000 Jahren hinterließ dort, wo sich heute der Yellowstone Lake ausbreitet, einen rauchenden Krater von beinahe 3500 Quadratkilometern Durchmesser, der sich allmählich durch das sehr aktive Verwerfungssystem wieder füllte. In den tiefen Spalten und Rissen dieser Einsturzzone erhitzt sich das Grundwasser und wird mit ungeheurem Druck in zahllosen Geysiren, heißen Quellen und Dampfventilen nach oben gepresst. Dieses einzigartige Naturschauspiel wird täglich auf drei Hauptbühnen gespielt, die alle am Rand der Grand Loop Road liegen, die eine große Acht bildet und mit den fünf Parkzufahrtsstraßen verbunden ist: auf den Kalksinterterrassen von Mammot Springs, im Norris Geysir Basin am Madison River und am dampfenden Firehole River, wo Kaskaden von Geysiren ihre Fontänen aus Dampf und Wasser in den Himmel jagen. Eine weitere Attraktion ist die tiefe Schlucht des Yellowstone River mit zwei gewaltigen Wasserfällen. Die vom Schwefel gelb verfärbten Wände seines Grand Canyon haben dem Fluss und dem Nationalpark den Namen gegeben.

Im Süden des Yellowstone Nationalparks schließt sich unmittelbar der Grand Teton Nationalpark an, der 1929 vor allem auf Betreiben von John D. Rockefeller jr. unter Naturschutz gestellt wurde und mit seinen Hochtälern, Bergen und Seen als Dorado für Wanderer und Bergsteiger gilt. Er ist geprägt von zwei sehr unterschiedlichen Landschaften – zum einen der Kette der steil aufragenden Teton Range, die mehrere Dutzend Dreitausender und als höchsten Gipfel den 4197 Meter hohen Grand Teton einschließt, sowie dem bewaldeten Hochtal Jackson Hole mit fünf malerischen Seen, von denen der Jackson Lake der größte ist. Der noch junge Snake River schlängelt sich wie ein silbernes Band durch den Nationalpark. Bootstouren mit dem Kanu oder Schlauchboot vor der imposanten Gebirgskulisse gehören zu den beliebtesten Unternehmungen. Mit rund 1250 Quadratkilometern ist der Grand Teton Nationalpark einer der kleinsten in der USA, mit seinen blühenden Bergwiesen, sprudelnden Bergbächen und lichten Wäldern aus Espen und Drehkiefern an den Seeufern im Talboden gehört er jedoch zweifellos zu den schönsten und erholsamsten.

Die schroff abfallenden Spitzen der Tetons bestehen zwar aus sehr altem, nur langsam verwitternden Tiefengestein, insbesondere Granit, Gneis und Quarzit, sind jedoch ein verhältnismäßig junges Gebirge, das erst vor rund 2,5 Millionen Jahren aufgefaltet wurde. Die ersten Europäer, die die hoch aufragenden Berggipfel zu Gesicht bekamen, waren französische Pelzjäger. Der Anblick beflügelte ihre Phantasie derart, dass sie auf den nicht ganz stubenreinen Namen »Tetons« verfielen – was mit Verlaub gesagt – nicht anders als mit unserem Lehnwort »Titten« zu übersetzen ist.

Unten:
60 Meter hoch schießt die Fontäne des Geysirs — *Old Faithful in den Himmel.*

Unten:
Geysire und brodelnde Quellen haben im Midway Geyser Basin eine dampfende Kraterlandschaft geschaffen.

Aus zahlreichen Austrittsöffnungen – so genannten Fumarolen – steigen vulkanische Gase und Dämpfe.

Unten:
An den heißen Quellen von Mammoth Hot Springs haben sich Sinterterrassen aus Travertin, einem weißen Kalktuff abgelagert.

Rechts:
Am Grunde des Black Pool steigen die heißen Quellen aus einem düsteren Schlund aus den Tiefen der Erde empor.

Oben:
Das verträumte Tal des Fairy Creek ist einer der vielen stillen Plätze, die man überall entdecken kann, wenn man sich nur ein paar hundert Meter vom Auto entfernt.

Oben Mitte:
Holzstege führen die Besucher gefahrlos bis unmittelbar an den Rand der dampfenden Thermalbecken. Mineralien färben das heiße Wasser des Black Sand Basin.

Unten:
Der Yellowstone
Nationalpark ist auch
für seinen Tierreichtum
berühmt. Unter anderem
lebt dort die größte
Bisonherde innerhalb

der USA. Auf den
Grashängen am Rand
des Yellowstone River im
Hayden Valley sind die
zottigen Riesen fast das
ganze Jahr über zu beob-
achten.

Rechts:

Schwarzbären (oben) sind nicht nur ausgezeichnete Kletterer, sie können auch gut schwimmen. Obwohl sie eigentlich sehr scheu sind, führen achtlos weggeworfene Abfälle immer wieder zu unliebsamen Begegnungen. Beim Anblick eines guten Gänsebratens läuft dem Fuchs das Wasser im Maul zusammen (Mitte). Wapiti-Hirsche (unten) sind in den Nadelwäldern ganz Nordamerikas verbreitet.

59

Im klirrend kalten Winter der Rocky Mountains entfaltet der Yellowstone Nationalpark seine eigene Schönheit. Am intensivsten erlebt man die Stille der tief verschneiten Bergwelt auf Langlaufskiern, weniger anstrengend ist es, das Hinterland des Parks auf Motorschlitten zu erkunden. Wenn die Seen zu Eis erstarrt sind und die Wälder unter einer schweren Schneedecke liegen, suchen Bisons und viele andere Tiere die wärmende Nähe der heißen Quellen und Geysire.

Blick über den Südostrand der Chisos Mountains im Big Bend Nationalpark in Texas. Der Park hat seinen Namen von der großen Schleife (Big Bend), die der Fluss Rio Grande hier bildet – gleichzeitig bildet er die 192 Kilometer lange Grenze zwischen dem Park und Mexiko.

Allein fünf Nationalparks liegen im Felsland des Colorado-Plateaus in Süd-Utah: Legt man die Besucherzahlen zugrunde, ist der Bryce Canyon Nationalpark mit den ziselierten Zinnen des so genannten Amphitheaters der Star unter ihnen. Die mächtigen Sandsteinklippen und Felslabyrinthe von Capitol Reef und Canyonlands sind dagegen für den Tourismus kaum erschlossen und gelten unter Insidern als wirklich naturbelassene Reservate. Tiefe Schluchten und senkrechte, bis zu 800 Meter hohe Wände durchziehen den Zion Nationalpark, die Bogentore und Brücken aus rotem Sandstein im Arches Nationalpark erschienen schon den Indianern als Werk übermenschlicher Bildhauer. In Arizona, im Zentrum des Colorado-Plateaus, klafft der gähnende Abgrund des Colorado River im Grand Canyon Nationalpark fast 2000 Meter in die Tiefe. Im Westen, in der Snake Range von Nevada, liegt der Great Basin Nationalpark. Im Südosten des Colorado-Plateaus, im Mesa Verde Nationalpark, im Chaco Canyon und im Canyon de Chelly sind die Felsruinen und Pueblos der rätselhaften Azanasi-Indianer und der Nayajos erhalten. Am Rand des riesigen Navajo-Reservats bildet ein Wald aus Tausenden versteinerter Baumriesen die Hauptattraktion des Petrified Forest Nationalparks.

Die National Monuments von Saguaro, Organ Pipe und Chiricahua im heißen und trockenen Klima der Sonora- und der Chiricahua-Wüste schützen den empfindlichen Lebensraum einer extrem angepassten Tier- und Pflanzenwelt, darunter zahlreiche Arten seltener Kakteen.

Im Grenzgebiet zu Texas erwartet den Reisenden die unterirdische Tropfsteinhöhlenwelt der Carlsbad Caverns und das Hochland des Guadalupe Mountains Nationalparks. Am großen Bogen des Rio Grande schließlich, an der Grenze zwischen Texas und Mexiko, umgibt der Big Bend Nationalpark die wilde Schönheit der Chisos Mountains.

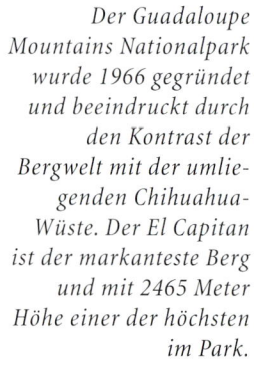

Im Osten des Big Bend Nationalparks durchfließt der Rio Grande die Sierra del Carmen. Vom Rio Grande Overlook geht der Blick über das Flusstal hinüber zum mexikanischen Ufer und dem Ort Boquillas del Carmen.

Der Guadaloupe Mountains Nationalpark wurde 1966 gegründet und beeindruckt durch den Kontrast der Bergwelt mit der umliegenden Chihuahua-Wüste. Der El Capitan ist der markanteste Berg und mit 2465 Meter Höhe einer der höchsten im Park.

Sonnenaufgang in den Chisos Mountains im Big Bend Nationalpark. Die Berge wirken wie eine Insel in dem durch die Wüste geprägten Park. Verschiedene Tier- und Pflanzenarten haben sich hierher zurückgezogen, als die Umgebung nach der letzten Eiszeit immer trockener wurde, so auch die Weißwedelhirsche, die nur hier zu finden sind.

Das Sumpf- und Marschland des Bosque del Apache National Wildlife Refuge in New Mexico ist ein Vogelparadies. Von November bis Februar kann man Zugvögel beobachten, die hier rasten. Kanadakraniche (im Bild) aus Kanada und Alaska überwintern hier bei besten Bedingungen.

Unten und rechts:
Die Felsbögen des Arches Nationalparks (Utah) eröffnen immer neue und oft verwirrende Perspektiven: Aus der Entfernung wirken sie noch so klein, aber je näher man kommt, umso gewaltiger scheinen sie aus der Erde zu wachsen. Ein 15 Meter hohes Fenster öffnet den Blick auf die rote Sandsteinkathedrale des Turret Arch (rechts). Sie wirkt so nah und doch sollte man für einen Fußmarsch dorthin eine halbe Stunde einkalkulieren.

Oben:
Drohend ragen die hohen Sandsteinklippen der Courthouse Towers im Arches Nationalpark (Utah) auf. An den »Gerichtstürmen« sind die Trennlinien zwischen den Gesteinsschichten unterschiedlicher Härte besonders gut sichtbar.

BUTCH CASSIDY'S ZUFLUCHT

Die bis zu 800 Meter tiefen Canyons des Colorado River und Green River, von Wind und Wetter zerfurchte Hochplateaus, steil aufragende Felstürme und bizarre Sandsteinsäulen machen den Canyonlands Nationalpark zu einem der urwüchsigsten unter den fünf Nationalparks im Süden des Bundesstaats Utah. Ehe die unwegsame Felswüste im Herzen des Colorado-Plateaus 1964 zum Nationalpark erhoben wurde, hatten sich nur umherstreifende Ute-, Navajo- und Paiute-Indianer, einige kühne Forscher und eine Hand voll Cowboys und Viehzüchter in diese abgelegene, fast wasserlose und extrem heiße Ecke in Südost-Utah gewagt. Weite Teile des heutigen Nationalparks wurden erst nach dem Beginn des Uranbooms in den 50er-Jahren durch Prospektoren erschlossen, die auf der Suche nach dem »radioaktiven Gold« halsbrecherische Jeep Trails anlegten.

Bis heute sperrt sich das zerklüftete Terrain schon allein durch seine grandiose Unwegsamkeit gegen den Massentourismus. Innerhalb der Parkgrenzen gibt es – abgesehen von einigen primitiven Campingplätzen – auch weder Unterkunfts- noch Verpflegungsmöglichkeiten. Die beiden asphaltierten Straßen an den Parkzugängen enden an einigen Aussichtspunkten schon nach wenigen Kilometern und verwandeln sich dann in holprige Pisten, die selbst erfahrenen Lenkern auf allradgetriebenen Geländefahrzeugen gelegentliche Schweißausbrüche abnötigen.

Trotz des Wüstenklimas – im Sommer können die Temperaturen von 40 Grad Celsius am Mittag nachts bis auf den Gefrierpunkt sinken – weisen die zerklüfteten Hochplateaus die spärliche, für weite Teile Utahs typische Vegetation von Pflanzen auf, die an die extreme Trockenheit speziell angepasst sind und die der nicht nur Eidechsen, Schlangen und Vögeln, sondern auch einer Reihe von Säugetieren wie Maultierhirschen und Dickhornschafen eine karge Lebensgrundlage bieten.

Die tief in den roten Sandstein gegrabenen Canyons von Colorado River und Green River vereinigen sich im Herzen des Nationalparks im Cataract Canyon – einer Herausforderung für erfahrene Wildwasserfahrer – und zerschneiden den Park in drei getrennte und verschiedenartige Distrikte, zwischen denen es keinerlei Verkehrsverbindung gibt. Von Norden her gelangt man auf einer kurvenreichen Straße auf ein 10 Quadratkilometer großes, zerklüftetes Hochplateau, das sich wie eine gewaltige unregelmäßige Stufenpyramide zwischen die beiden Flüsse schiebt und den treffenden Namen »Island in the Sky« trägt. Den einzigen Zugang auf diese ringsum von steilen Felsabstürzen begrenzten »Insel im Himmel« bildet ein nur wenige Meter breiter Felssteg, der der Erosion standgehalten hat. Vom Grand View Point im Süden der Mesa bietet sich ein grandioser Rundblick auf die großen Schleifen der Canyons von Colorado und Green River. Die mächtigen horizontalen Gesteinsschichten, die in allen Farbabstufungen von Gelb, Rot und Braun leuchten, bestehen aus 150 bis 300 Millionen Jahre alten Ablagerungen, die durch plattentektonische Verschiebungen zum Colorado-Plateau aufgewölbt wurden, während der Colorado River sein Bett immer tiefer in den Sandstein grub. Eine unter dieser heute 1500 Meter dicken Gesteinsdecke liegende Salzschicht, Ablagerung eines prähistorischen Binnenmeeres, verformte sich unter dem ungeheuren Druck und quoll an einigen Stellen bis an die Erdoberfläche. Der so genannte Upheaval Dome, ein riesiger Krater im Island in the Sky District, ist wahrscheinlich durch einen solchen Salzdurchbruch entstanden.

Auch die Verwerfungen, Grabenbrüche und verformten Sandsteinschichten im südöstlichen Teil des Nationalparks, dem Needles District, haben in den Bewegungen dieser tieferliegenden Salzschicht ihre Ursache. In diesem Parkabschnitt, der vor allem von Rucksackwanderern besucht wird, finden sich Spuren einer frühen Besiedlung dieser scheinbar menschenfeindlichen Wüste. Im Horseshoe Canyon, der 1971 in den Nationalpark eingegliedert wurde, zeugen Steinruinen und geheimnisvolle Felszeichnungen von der Entstehung früher Ackerbaukulturen seit 1700 v. Chr. Diese archaische Kultur fand ihren letzten Nachfolger im geheimnisvollen Volk der Azanasi, über dessen abruptes Verschwinden Ende des 13. Jahrhunderts die Forschung bis heute rätselt.

Der dritte und am schwersten zugängliche Teil des Nationalparks liegt im Südwesten und ist nur auf einer langen, holprigen Piste mit Geländefahrzeugen zu erreichen. Er trägt den treffenden Namen The Maze »Der Irrgarten«, und wird nur von wenigen hart gesottenen Wildniswanderern besucht. Das Labyrinth aus Hunderten von Schluchten, Felstürmen, Graten und Spitzen diente noch bis zur Wende zum 20. Jahrhundert Viehdieben und Outlaws als Schlupfwinkel. Damals hausten in den zerklüfteten Canyons berüchtigte Banden wie die »Wild Bunch« von Butch Cassidy und Sundance Kid.

Unten:
Mesa Arch ist einer der schönsten Felsbögen im Islands-in-the-Sky-District.

Links:
Von der Hochmesa der »Islands in the Sky« hat man einen luftigen Blick aus der Vogelperspektive über die Canyons von Colorado und Green River. Die Flüsse und steilen Schluchten bilden derart unüberwindliche Barrieren, dass es fast unmöglich ist, auf direktem Weg von einem Distrikt des Nationalparks zum anderen zu gelangen.

Unten:
Die frühesten Spuren menschlicher Besiedlung in den Schluchten des Canyonlands Nationalparks sind 4-5000 Jahre alt. Die Ruinen von Getreidespeichern im Horseshoe Canyon sind Überreste einer frühen Ackerbaukultur, die hier vor über 700 Jahren Mais anbaute.

Oben und oben Mitte:
Vor rund 3000 Jahren bedeckten unbekannte Künstler eines archaischen Volks von Jägern und Sammlern die Wände des Horseshoe Canyons mit geheimnisvollen Felszeichnungen.

Der Highway 24 durchquert den Capitol Reef Nationalpark (Utah) von Ost nach West. In der Nähe des Osteingangs öffnen sich die Sandsteinklippen zu einer Reihe von Felsbuckeln, denen die Paiutes den Namen »schlafender Regenbogen« gaben.

Wer kein Freund großer Hitze ist, der sollte Wanderungen durch den Capitol Reef Nationalpark (Utah) tunlichst im Frühjahr oder Herbst unternehmen. Im Sommer bietet sich eher eine Rundfahrt durch die zerklüfteten Berge der Waterpocket Fold auf dem Scenic Drive mit dem Auto an.

Weithin sichtbar weht
das »Star Spangled
Banner« über dem
Besucherzentrum des
Capitol Reef National-
parks (Utah). Hier sollte
man seine Unternehmun-
gen gründlich planen,
denn innerhalb des Parks
gibt es keine weiteren
Unterkunfts- oder Ver-
pflegungsmöglichkeiten.

Die Sandsteinschichten
am Green River enthal-
ten einen außergewöhn-
lichen Reichtum an ver-
steinerten Fossilien.
Ausgrabungen im
Dinosaur National
Monument (Utah)
förderten Skelettreste
von 14 Saurierarten
zutage, die vor rund
140 Millionen Jahren
ausstarben.

Seite 72/73:
*Am 2397 Meter hohen
Aussichtspunkt Cape
Royal haben nur noch
die Wolken einen besse-
ren Blick auf die tiefe
Schlucht des Colorado
River im Grand Canyon
Nationalpark (Arizona).*

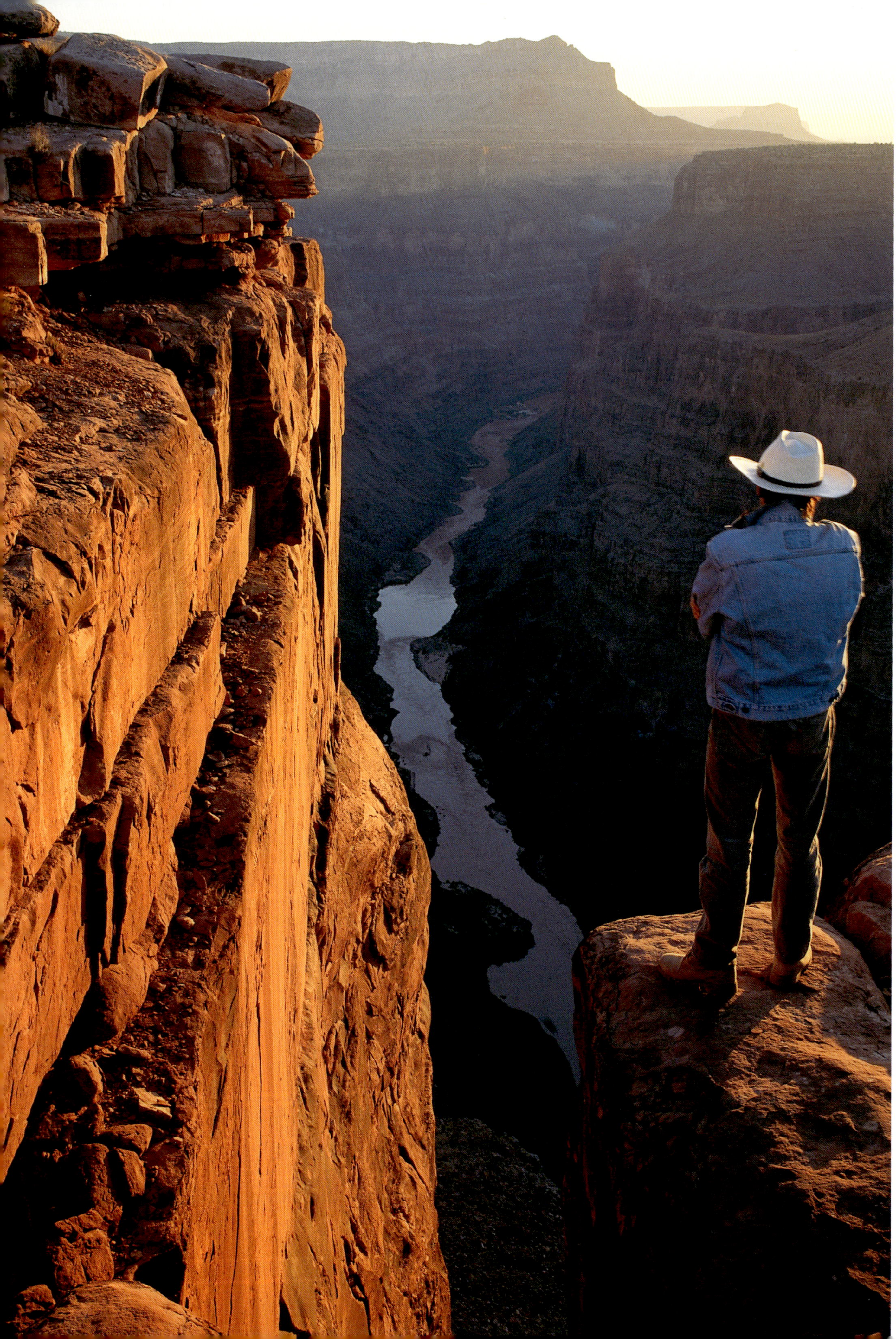

Links:
Für Tollkühne bietet der Rand des Grand Canyon mehr als genug Möglichkeiten, absolute Schwindelfreiheit zu beweisen – hier am Toroweap Point im Grand Canyon Nationalpark.

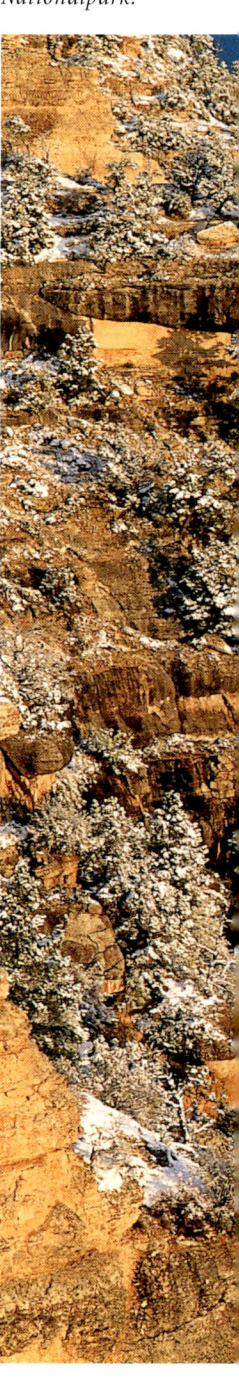

Unten:
Der Südrand des Grand Canyon ist auch im Winter zugänglich. Wer von dieser Seite den Grand Canyon Nationalpark besucht, empfängt seine ersten Eindrücke meist am Mather Point. Dort sind die horizontalen Felsschichten besonders stark der Verwitterung ausgesetzt.

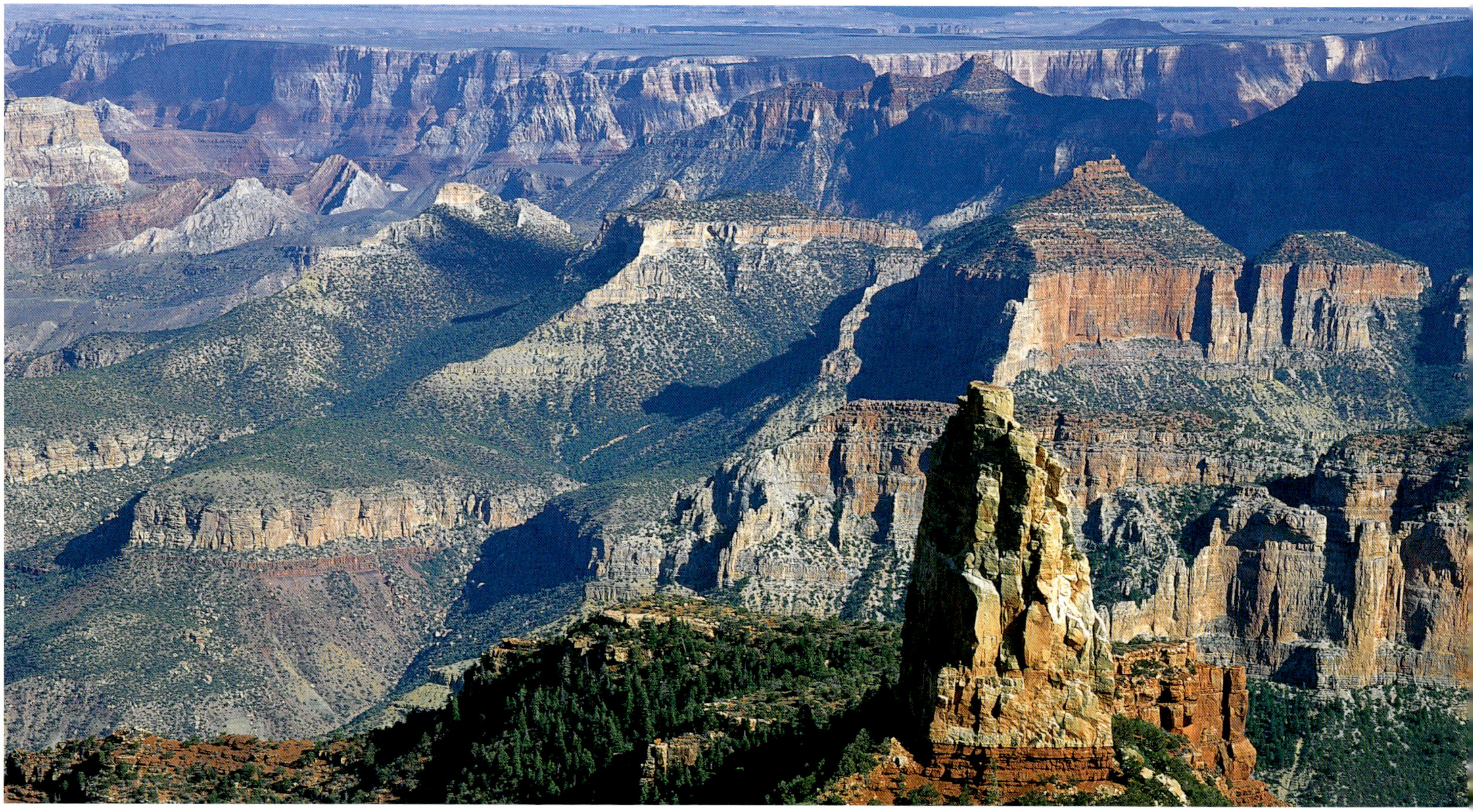

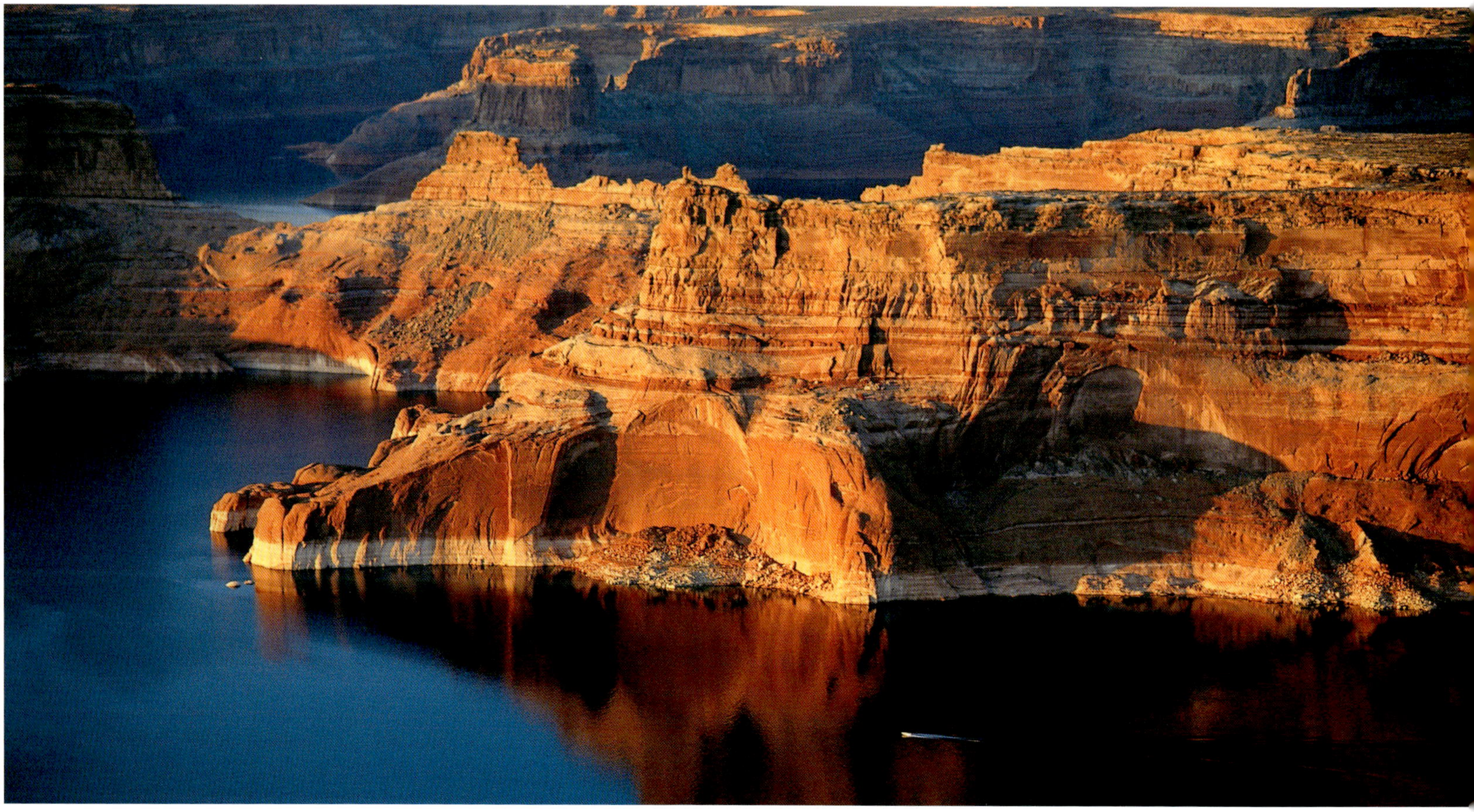

Links:
Im Norden des Grand Canyon Nationalparks (Arizona) stürzen die Wasser des Little Colorado über steile Klippen hinab in die 1600 Meter tiefe und bis zu 30 Kilometer breite Schlucht.

Linke Seite oben:
Der Grund des Grand Canyon besteht aus 2 Milliarden Jahre altem Tiefengranit, der stärkeren Widerstand bietet als die darüberliegenden weicheren Gesteinsschichten, sodass der Canyon mehr in die Breite als in die Tiefe wächst.

Unten:
Eine der Schwindel erregenden Flusskehren des Colorado River kann man am »Horseshoe Bend« bestaunen, einem Aussichtspunkt in der Glen Canyon National Recreation Area (Utah/Arizona).

Linke Seite unten:
Der größte Teil des Glen Canyon wurde 1963 durch den riesigen Stausee des Lake Powell überflutet.

EIN MÄRCHEN AUS STEIN –

Den Indianern war der zerklüftete Hexenkessel aus Tausenden von Zinnen, Nadeln und bizarren Sandsteinskulpturen im Südwesten von Utah nicht ganz geheuer: Nach einer Legende der Pajutes, die jahrhundertelang in dieser Gegend lebten, hatte hier einst der mächtige Geist des Kojoten in seinem Zorn alle anderen Tiere zu Stein verwandelt. Sie machten lieber einen großen Bogen um diese dämonische Landschaft. Der erste Weiße, der sich in dieser Gegend niederließ, interessierte sich nicht einen Deut für landschaftliche Schönheiten: Der Mormone Ebenezer Bryce versuchte sich 1875 unterhalb des Felsenlabyrinths bei Tropic im Paria Valley als Farmer. Nachdem er sich fünf Jahre lang abgeschuftet hatte, warf er ernüchtert das Handtuch und zog nach Mexiko weiter. Was er hinterließ, war sein Name für den Bryce Canyon und ein beißender Kommentar zum praktischen Wert dieser gottverlassenen Gegend. Wenn sie überhaupt zu etwas tauge, so sein vernichtendes Urteil, dann als »a hell'va place to loose a cow«, ein »höllisch guter Platz, wenn man eine Kuh verlieren will.«

Ein Zeitschriftenartikel machte 1916 erstmals die Öffentlichkeit auf dieses Naturwunder am Rand der Zivilisation aufmerksam. 1923 wurde die 30 Kilometer lange, steil abfallende Verwitterungszone am Rand des Paunsaugunt-Plateaus zum National Monument erklärt und 1928 zum Nationalpark erhoben.

Als das Colorado-Plateau vor Jahrmillionen nach oben gedrückt wurde, zerbrach es aufgrund der verschiedenartigen geologischen Zusammensetzung in mehrere Einzelplatten. Das Paunsaugunt-Plateau besteht vor allem aus den sehr kalk- und mineralhaltigen Ablagerungen eines von Geologen »Lake Flagstaff« genannten, riesigen Binnengewässers vor 70 Millionen Jahren. Aufgrund der rasch voranschreitenden Verwitterung weicht der Rand des Plateaus pro Jahr im Durchschnitt um einen Zentimeter zurück. Der Nationalpark liegt auf Höhen

zwischen 2400 und 2800 Meter, sodass der erste Schnee oft schon im Oktober fällt und sich bis in den Mai hält. Nach Messungen nagt an über 200 Tagen und Nächten im Jahr ein unaufhörlicher Wechsel von Frost und Tageswärme an den roten Felsnadeln, bildet Risse und Sprünge und zerbröselt Stück um Stück das mineralreiche Gestein.

Selbst im von spektakulären Naturschauspielen so überaus großzügig bedachten Südwesten der Vereinigten Staaten entwickelte sich der Bryce Canyon Nationalpark zu einem absoluten Star, der von amerikanischen Reisejournalisten bereits mehrfach zum beliebtesten Reiseziel in den USA gewählt wurde und heute jedes Jahr mehr als 1,5 Millionen Besucher aus aller Welt zählt. Diesen Ruf verdankt der Park fast ausschließlich der überwältigenden Szenerie des Bryce Canyon selbst, der zwar nur einen kleinen, aber den mit Abstand schönsten Teil des insgesamt rund 14 000 Hektar großen Naturschutzgebiets ausmacht. Streng genommen ist die Bezeichnung Canyon eigentlich irreführend, denn es handelt sich um ein halbkreisförmiges, von Hunderten strahlenförmig angeordneter Schluchten und Tälern zerfressenes Erosionsbecken, dessen Wände fast bis zum Grund mit phantastischen »Hoodoos«, Nadeln und Säulen aus Kalksandstein, übersät sind. Nicht zufällig ist diese Bezeichnung vom Wort »Voodoo« abgeleitet. Die in die Sedimentschichten eingeschlossenen Eisen- und Manganoxyde leuchten vor allem im schräg einfallenden Licht der Morgen- und Abendsonne in Weiß oder Gelb, Rosa, Orange und Rot bis Violett. Was anderes als Zauberei und Hexenwerk könnte die Felsenarena in eine solche Märchenlandschaft aus Schlössern, Türmen und Zinnen, Säulen, Brücken und Fenstern verwandeln. Um den Rand des so genannten Amphitheaters liegen die von Besuchern meist dicht belagerten Aussichtsplätze Sunrise Point, Sunset Point, Inspiration Point und Bryce-Point. Von dort führen mehrere Wanderwege hinab in die phantastische Welt der Felsformationen am Grund des Felslabyrinths, die so romantische Namen wie Queen's Garden, Silent City oder Fairyland tragen.

Weit weniger überlaufen ist der südliche Abschnitt des Nationalparks, wo die Erosionsformen größer und weniger bizarr sind. Die 30 Kilometer lange Parkstraße mit insgesamt 13 Aussichtspunkten verläuft am Rand des Plateaus durch lichte Wälder aus

Espen, Ponderosakiefern und Gelbkiefern im Sommer blühen dort leuchtende Teppich von Wildblumen. Tagsüber tummeln sic Erdhörnchen und Präriehunde am Rand de Strecke, am Abend kann man äsende Maul tierhirsche beobachten. In den höheren Lage weichen die Gelbkiefern subalpinen Nadel hölzern, darunter den seltenen Borstenkie fern. Die Straße endet auf dem höchste Punkt des Nationalparks, dem 2775 Mete hohen Rainbow Point mit einer herrliche Aussicht bis hin zum Navajo Mountain un dem Sevier River, die sich in der Ferne in Dunst verlieren.

Links:
Im Cedar Breaks National Monument (Utah) am Südwestrand des Markagunt-Plateaus haben ähnliche geologi-sche und klimatische Voraussetzungen wie im Bryce Canyon ein weiteres Amphitheater aus hellrot gefärbten Kalksandstein-säulen geschaffen.

Oben und ganz oben:
Einer der beliebtesten Wanderpfade im Bryce Canyon führt über den Queen's Garden Trail durch das Labyrinth der roten Felstürme am Grund des Bryce Canyons. Zwischen den Steinsäulen stemmen sich breitwurzelnde Kiefern dagegen, dass ihnen der Boden unter den Füßen fortgewa-schen wird.

Rechts und unten:
Vom Osteingang des Zion Nationalparks (Utah) führt die Parkstraße durch die Checkerboard Mesa, versteinerten Dünen aus kreuz und quer schraffiertem Navajo-Sandstein, die wie mit dem Sandstrahlgebläse abgeschliffen scheinen.

Unten Mitte:
Den Zion Canyon säumen steile, bis zu 800 Meter hohe Sandsteinwände. Wildblumen bieten hier eine willkommene Abwechslung von der ansonsten wüstenhaften Vegetation.

Oben:
Moose und Farne, Mexikanische Felsenrosen und Gaukler- *blumen gedeihen in den hängenden Gärten der Emerald Pools, wo in einem Seitencanyon des* *Zion Nationalparks Sickerwasser aus dem Gestein austritt.*

Rechte Seite und rechts:
Der Wind, der ständig feine Sandkörner vor sich herbläst, hat die Coyote Buttes im Grand Staircase-Escalante National Monument (Utah/Arizona) in Jahrtausenden rundgeschliffen. Für versierte Kletterer sind die »Slickrocks« (rechte Seite), wie man die glattpolierten Sandsteinformationen im amerikanischen Südwesten nennt, eine echte und gern angenommene Herausforderung.

Rechts:
Ein wahrhaft teuflischer Irrgarten ist die Trümmerlandschaft der zerklüfteten Mesas und tief ins Gestein gekerbten Canyons von Devils Garden im Grand Staircase-Escalante National Monument (Utah/Arizona).

Bei Sonnenaufgang und mehr noch bei Sonnenuntergang steigert sich die erhabene Größe der Felsentürme im Monument Valley zu monumentaler Feierlichkeit. Eine einzige, 28 Kilometer lange Park-straße ermöglicht den Zugang. Wandern ist nicht gestattet. Das Naturwunder an der Grenze zwischen Utah und Arizona liegt innerhalb der riesigen Navajo Reservation, einem 65 000 Quadratkilometer großen Territorium, das den Navajo- und Hopi-Indianern zugewiesen wurde, mit halbautonomer Verwaltung, eigener Polizei und eigenen Gerichten. Der Sitz des Stammesrats ist Windows Rock in Arizona.

Links:
*Von sedimentführenden
Wassermassen in Jahr-
tausenden ausgewaschen,
verbirgt sich die Felsen-
kluft der Buckskin Gulch
im diffusen Licht eines
bizarren unterirdischen
Labyrinths tief im Fels
der Paria Canyon-
Vermillion Cliff
Wilderness (Utah).*

Unten:

Recht unscheinbar wirken die kleinen weißen Blüten an den bis zu 15 Meter hohen kandelaberartig verzweigten Säulen der Saguaros. Das Saguaro National Monument in der glühend heißen Sonora Wüste (Arizona) wurde vor allem zum Schutz dieser größten Kakteenart Nordamerikas eingerichtet.

Ganz unten und rechts:

Die bis zu 18 Meter hohen Dünen im White Sands National Monument (New Mexico) sind in ständiger Bewegung (ganz unten). Die wenigen Pflanzen, die in dieser Wüste aus blendend weißem Gipssand gedeihen können (rechts), haben extrem tiefe Wurzeln entwickelt, um an die Grundwasser führenden Schichten heran zu kommen.

Die borstigen Joshua Trees aus der Familie der Liliengewächse (Yucca brevifolia) werden bis zu 12 Meter hoch und verdichten sich am Rand der Mojave Wüste manchmal sogar zu lichten Wäldern. Als typische Charakterpflanze haben sie dem Joshua Tree Nationalpark südöstlich von Los Angeles (Kalifornien) den Namen geliehen.

Von den heißen Wüsten im Grenzland zu Mexiko bis hinauf zu den dünn besiedelten Wäldern und schneebedeckten Bergen von Washington reihen sich Landschaftsreservate von unübertrefflicher Vielfalt wie Perlen an einer Kette aneinander. Allein im südlichen Kalifornien liegen fünf Nationalparks. Der bekannteste von ihnen ist der Yosemite Nationalpark mit einer atemberaubenden Szenerie grandioser Wasserfälle inmitten der Granitarchitektur der mittleren Sierra Nevada. In der südlichen Sierra Nevada liegt der Doppelpark Kings Canyon und Sequoia, eine unerschlossene Bergwelt mit über 4000 Meter hohen Gipfeln, Mammutbäumen und wüstenhaften Tälern, die die Nähe zu den heißen Regionen der Mojave-Wüste erahnen lassen. Im Death Valley Nationalpark klettern die Temperaturen im Sommer auf über 40 Grad Celsius und noch weiter südlich haben die stacheligen Joshua-Bäume dem Joshua Tree Nationalpark unter der glühend heißen Sonne der Sonora-Wüste den Namen gegeben. Die Channel Islands vor der Küste von Los Angeles bieten Robben, Kormoranen und Pelikanen ein Refugium.

Vom Norden Kaliforniens zieht sich das schneebedeckte Küstengebirge der Cascade Range bis zur Grenze von Kanada hinauf. Der zuletzt 1915 ausgebrochene Lassen Peak im Lassen Volcanic Nationalpark in den südlichen Ausläufern ist ebenso ein vulkanisches Produkt des Absinkens der pazifischen Platte unter den Rand des nordamerikanischen Kontinents wie der tiefblaue See des Crater Lake Nationalparks in Oregon. Eisfelder, Gletscher und eine Wildnis tiefer, alter Nadelwälder umgeben den 4392 Meter hohen, schlafenden Vulkan Mount Rainier in Washington. Die gemäßigten Regenwälder mit gigantischen Küstensequoien (Sequoia sempervirens), die einst die gesamte Küste Kaliforniens bedeckten, sind die Hauptattraktion im Redwood Nationalpark. Ganz im Norden von Washington bilden die verfilzten Baumriesen eines der letzten nördlichen Regenwälder im Olympic Nationalpark dämmrige Kathedralen aus Laub und Moos.

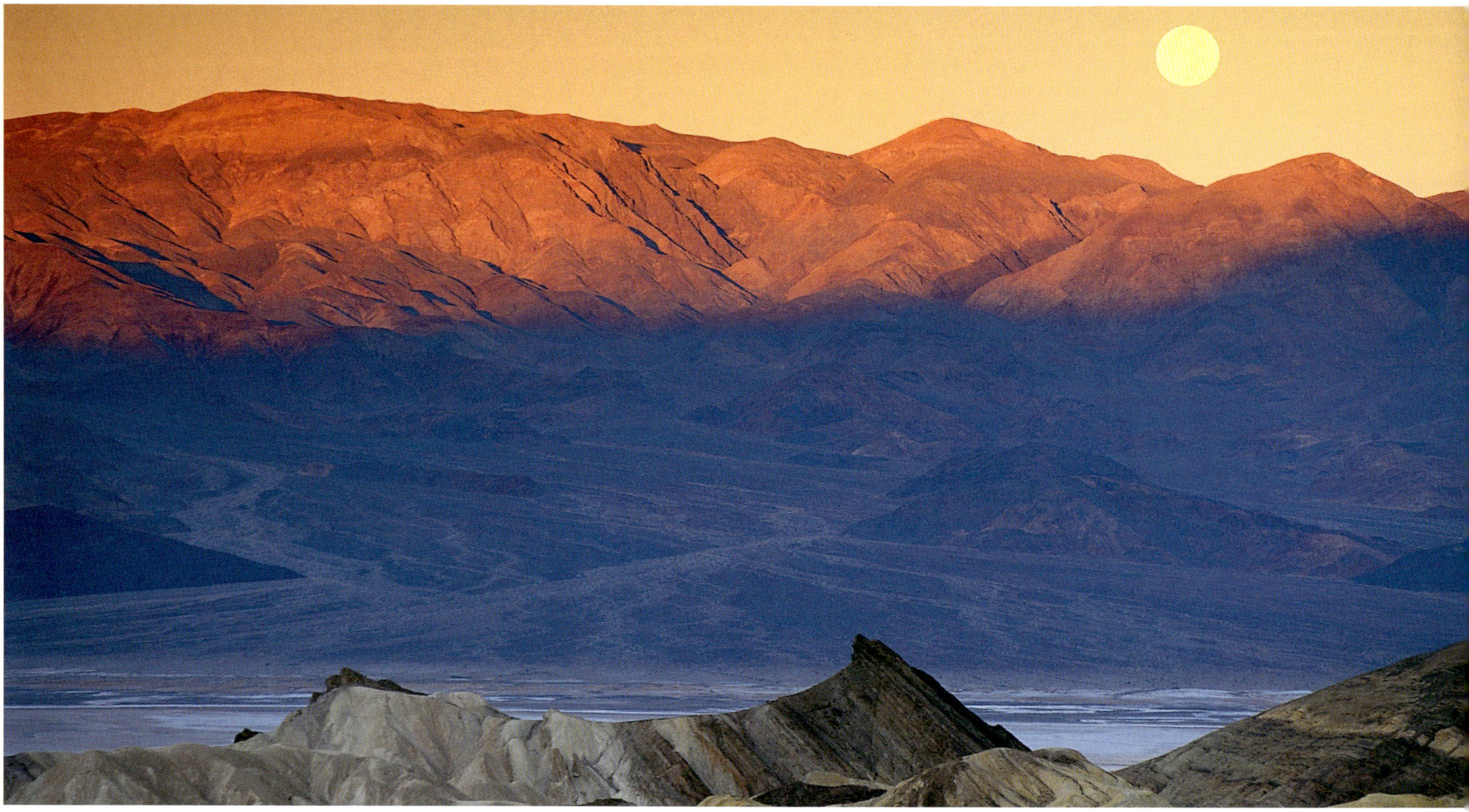

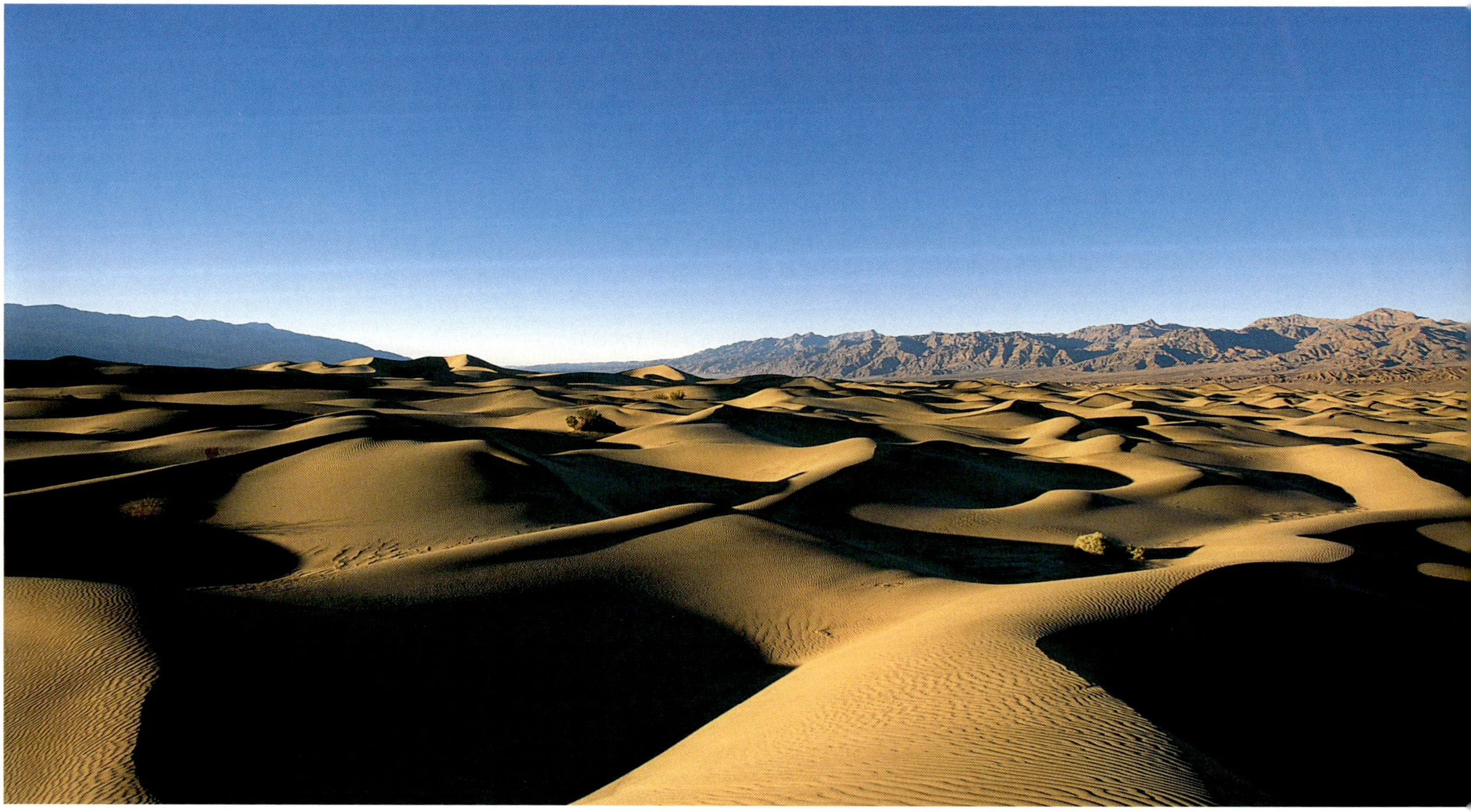

In den letzten Strahlen des untergehenden Mordes macht der Golden Canyon bei Zabriskie Point im Death Valley Nationalpark (Seite 92 oben) seinem Namen alle Ehre. Tagsüber liegt das Wüstental im Osten Kaliforniens unter brütender Hitze. Ein großer Teil des »Tals des Todes« liegt unter dem Meeresspiegel. Im Hochsommer steigen die Temperaturen bis weit über 40 Grad Celsius. Erst am Abend herrschen wieder angenehmere Temperaturen für Ausflüge zu den ausgetrockneten Salzseen (links) und weiten Dünenfeldern (Seite 92 unten) oder zum Ubehebe Crater (unten), den vor Jahrtausenden ein gewaltiger Vulkanausbruch hinterlassen hat.

Links:

*In der Nähe der Stadt
Mecca in Südkalifornien
liegt die Mecca Hills
Wilderness mit dem
Felsenlabyrinth der
Badlands. Besonders de
Painted Canyon mit sei-
nen prägnanten
Felsformationen bietet
viele Möglichkeiten zu
Erkundungen und ist
nahezu unbekannt.*

Die Gipfel des Kings Canyon Nationalparks liegen in der höchsten und wildesten Bergregion der Sierra Nevada (ganz unten) im Südwesten Kaliforniens. Nur ein winziger Teil des Parks ist mit dem Auto zugänglich, dafür führen mehr als 1300 Kilometer Wanderwege durch die unberührte Wildnis. Nur wenige Fußminuten vom Ende der Parkstraße am Long Term Parking entfernt machen schon der Wiesengrund der Zumwalt Meadows (links), die Roaring River Falls (unten links) oder die verwitterte Schlucht des Kings River (unten rechts) Appetit auf längere Rucksacktouren.

Seite 100/101:
Rund tausend Meter über dem Talboden erhebt sich die Aussichtskanzel am Glacier Point im Yosemite Nationalpark (Kalifornien).

BÄUME MACHEN SCHLAGZEILEN

Die Entstehungsgeschichte der ersten Naturreservate in den Vereinigten Staaten ist untrennbar mit dem Abenteuer der Eroberung des Westens verbunden, mit den Planwagentrecks, den Goldsuchern und wissenschaftlichen Expeditionen, die in ihrem Gefolge den Gerüchten über phantastische Naturwunder auf den Grund gingen und nicht zuletzt mit der aufstrebenden Presse, die deren sensationelle Entdeckungen und das Anliegen des Naturschutzes in breiter Aufmachung populär machte.

ein Gesetz, mit dem das Yosemite Valley und der Mariposa Grove of Giant Sequoias dem Staat Kalifornien als Naturschutzgebiet zugewiesen wurde. Die Berichte über die seltene Schönheit des Yosemite Valley sprachen sich wie ein Lauffeuer herum, schon 1855 fanden sich die ersten Touristen ein und 1856 errichtete ein gewisser Galen Clark in Wowona, einem ehemaligen Indianerlager, eine Postkutschenstation, genannt Clark's Station, die den Besuchern zwischen den Hauptattraktionen eines Waldes aus mehrtausendjährigen, riesigen Mammutbäumen (Sequoiadendron giganteum) in Mariposa und dem Yosemite Valley als Zwischenstop diente.

Die Männer, die 1851 das nachmals so berühmte Yosemite Valley in der kalifornischen Sierra Nevada als erste Weiße zu Gesicht bekamen, hatten alles andere im Sinn, als sich an der Schönheit der Natur zu ergötzen; ihr einziges und ganz und gar unromantisches Bestreben ging danach, die Ahwahneechee-Indianer aus ihren Schlupfwinkeln zu vertreiben, aus denen sie sich gegen die Goldsucher zur Wehr setzten, die ihre Jagdgründe überschwemmten. Aber dennoch war einer dabei, ein junger Truppenarzt, der hingerissen weitererzählte, was er gesehen hatte. Zufällig weilte zu dieser Zeit Horace Greely, der Chefredakteur der New York Tribune, in Kalifornien und ging der Geschichte nach. Das Tal, so erfuhren kurze Zeit später die staunenden Zeitungsleser, sei »das ungewöhnlichste und majestätischste unter allen Wundern der Natur«, und über den Wald von Mammutbäumen, den er in der Nähe erblickt hatte, kam er geradezu ins Schwärmen: »Diese Bäume sind schon ansehnlich gewesen, als David vor der Lade Gottes tanzte, als Salomon den Grundstein zu seinem Tempel legte, als Theseus in Athen herrschte ...« Einen einflussreichen Verbündeten fand Greely in dem Landschaftsarchitekten Frederick Law Olmstead, der sich nach der Fertigstellung des Central Park in New York gerade in Kalifornien erholte. Schon 1864 unterzeichnete Präsident Abraham Lincoln

Auch am Beginn der Gründung des Yellowstone Nationalparks stand eine Aufsehen erregende Pressegeschichte. 1870 erkundete eine Gruppe von Vermessern und Geologen unter Leitung des ehemaligen Kongressabgeordneten Henry D. Washborn das sagenumwobene Yellowstonegebiet und gab dabei unter anderem dem »Old Faithfull« seinen Namen. Washborn vertrat die Ansicht, dass ein Gebiet von so außergewöhnlicher Schönheit und geologischer Einzigartigkeit nicht durch wirtschaftliche Nutzung zerstört werden dürfe. In der Öffentlichkeit berühmt wurde die Expedition aber durch die Abenteuer des ältesten Expeditionsteilnehmers, Truman C. Everts, der sich verlaufen hatte und erst nach tagelangen hilflosen Herumirren in der Wildnis durch Zufall wieder gefunden wurde. Nicht zuletzt dank dieser Aufsehen erregenden Story stieß Washburns Gedanke in Washington auf offene Ohren – zumal, weil die Region keinen nennenswerten wirtschaftlichen Nutzen versprach. 1872 verabschiedete der Kongress ein Gesetz, das das spektakuläre Yellowstone-Gebiet »als öffentlichen Park oder Erholungsgebiet zum Wohle und zum Genuss des Volkes« unter staatliche Aufsicht stellte. Damals waren Montana und Wyoming noch keine eigenen Bundesstaaten, sodass der erste Nationalpark der Welt der Oberaufsicht des Innenministeriums unterstellt wurde, das nach dem Yellowstone Act bevollmächtigt wurde, »sämtliche Bäume, Bodenschätze und natürlichen Sehenswürdigkeiten innerhalb des genannten Parks vor jedweder Schädigung oder Beeinträchtigung zu bewahren«. Dass die Gründung des ersten Nationalparks der USA zunächst keinen Präzedenzfall für weitere Projekte dieser Art darstellen sollte, zeigte sich unter anderem darin, dass der Kongress keine Mittel zum Betrieb des neuen Parks zur Verfügung stellte – einer der Gründe, warum seit 1886 die Armee damit beauftragt wurde, für Recht und Ordnung in dieser abgelegenen Wildnis zu sorgen.

Immerhin bewilligte der Kongress 10 000 Dollar zum Ankauf des Gemäldes »Grand Canyon of the Yellowstone« von Thomas Moran – ein Indiz für die Macht des Bildes, die zur Verbreitung der Nationalparkidee noch mehr beitragen sollte als die Druckerpresse. In diesem Zusammenhang war die Erfindung der Fotografie von überragender Bedeutung für die Popularisierung der Nationalparkidee. Die neue Kunst war gerade erst einmal 20 Jahre alt, als der Fotograf Charles Weed 1859 erstmals die Yosemite Falls auf die Platte bannte und schon zwanzig Jahre später gab es Tausende von Fotografien, die Dank ihrer Reproduzierbarkeit die Schutzwürdigkeit der Naturwunder des amerikanischen Westens für jedermann anschaulich machten.

Der Yosemite Nationalpark im Herzen der kalifornischen Sierra Nevada zählt zu den berühmtesten und beliebtesten in den Vereinigten Staaten. Schon lange vor dem Beginn des motorisierten Zeitalters pilgerten Naturfreunde aus aller Welt zu Tausenden – damals noch mit der Postkutsche – zu den Naturwundern im Hochland am Merced River und Tuolumne River. Im Mittelpunkt stand schon damals in erster Linie das »unvergleichliche Tal« – wie es genannt wurde – das Yosemite Valley, das auf engstem Raum eine der malerischsten Szenerien vereint, die man auf der Welt finden kann. Seine Entdeckung im Jahr 1851 verdankte es dem so genannten Mariposa-Bataillon, einer Freiwilligentruppe, die in den Tagen des kalifornischen Goldrausches die Ahwaneechee-Indianer aus ihren Schlupfwinkeln vertreiben sollte. Für den Feldarzt Lafayette Bunne wurde der Anblick der wildromantischen Schönheit des Talbodens zur Liebe auf den ersten Blick: »Nur wer dieses wunderbare Tal gesehen hat, kann sich die Gefühle vorstellen, die mich bei seinem Anblick ergriffen. Ein erhebendes Gefühl erfüllte mich, in meinen Augen standen Tränen der Ergriffenheit.« Er nannte das Tal »Uzumatis«, das indianische Wort für den Grizzlybären, was recht bald zu »Yosemite« verballhornt wurde. Schon 1855 reisten die ersten Touristen an und neun Jahre später unterzeichnete Präsident Abraham Lincoln eine Verfügung, die das Yosemite Valley und den Mariposa Grove of Giant Sequoias zum ersten Naturschutzgebiet der Vereinigten Staaten machte. Mit der Gründung des Yosemite Nationalparks im Jahr 1890 wurde das Schutzgebiet auf 3000 Quadratkilometer erweitert.

Nach wie vor ist das vielgerühmte Yosemite Valley das touristische Herzstück des Nationalparks, obwohl es mit 18 Quadratkilometern nur einen winzigen Bruchteil seiner Gesamtfläche ausmacht. Schon am Taleingang bildet El Capitan, der größte massive Granitklotz der Erde, einen spektakulären Auftakt. Die 1000 Meter fast senkrecht ins Tal abfallende Südwand wurde im Jahr 1958 erstmals durchstiegen und bildet eine der größten Herausforderungen für Kletterartisten der extremen Art. Hohe Ponderosa-Kiefern, Rauchzedern, Douglasien und sattgrüne Wiesen bedecken den ebenen Talgrund zu beiden Seiten des glitzernden Merced River – rings umrahmt von den mächtigen, rundgeschliffenen Granitkegeln der Tree Brothers, des Sentinel Dome und der bogenförmig ausgebrochenen Felswand des Royal Arch am Fuß des North Dome. Auf der gegenüberliegenden Talseite zieht der Bridalveil Fall seinen schmalen, häufig vom Wind verwirbelten Gischtschleier 190 Meter in die Tiefe und eröffnet damit einen unvergleichlichen Reigen brausender Wasserfälle, die sich im hinteren Teil des Tales zu einem tosenden Konzert wilder Wasserstürze zu Füßen des 2695 Meter hohen Half Dome vereinigen: der Vernal und der Navada Fall mit 97 bzw. 181 Meter Höhe, der Illilouette Fall und schließlich die einzigartigen Yosemite Falls, wo die Wasser des Yosemite Creek in drei gewaltigen Kaskaden insgesamt 739 Meter in die Tiefe stürzen.

Auf dem Weg vom Yosemite Valley in Richtung Süden führt eine Abzweigung hinauf zum Glacier Point. Der Aussichtspunkt rund 1000 Meter über dem Talboden bietet ein traumhaftes Panorama über die Granitwände, rundgeschliffenen Gipfel und donnernden Wasserfälle weit über das Hochland der High Sierra.

Der größte Besuchermagnet im Süden des Nationalparks ist der weltberühmte Mariposa Grove of Giant Sequoias – eine Gruppe von etwa 200 Mammutbäumen (Sequoiadendron giganteum). Viele der Baumriesen sind über 2000 Jahre alt. Der größte und mit 2700 Jahren vermutlich älteste von ihnen ist der »Grizzly Giant« mit einem Umfang von knapp 10 Metern und einer Höhe von 67 Metern.

Zwei weitere Gruppen von Mammutbäumen, die Merced und die Tuolumne Grove liegen in der Nähe des nördlichen Parkeingangs am Rand der Tioga Road, der Verlängerung des Highway 120, die quer durch den Nationalpark vorbei an den spiegelnden Gebirgsseen und subalpinen Wiesen auf dem Kamm der Sierra Nevada über den 3031 Meter hohen Tioga Pass nach Osten führt.

Auch wenn der Yosemite Nationalpark durch gut ausgebaute Straßen gerade für motorisierte Besucher außerordentlich gut erschlossen ist, konzentriert sich der Besucheransturm doch auf nur wenige, verhältnismäßig kleine Brennpunkte. Der weitaus größte Teil der Hochlandregionen im Norden und Osten ist ein von Menschen fast ungestörtes Naturreservat geblieben. Abseits der Straßen beginnt das Reich der Schwarzbären und Pumas. Für die wenigen Wildniswanderer, die sich in die Heimat der Goldadler, Maultierhirsche und Kalifornischer Dickhornschafe verirren, ist daher Umsicht geboten, auch wenn der Grizzly, der dem Nationalpark einst den Namen gegeben hat hier längst ausgestorben ist.

Unten:
Vom Glacier Point bietet sich der schönste Blick über das Tal von Yosemite.

Rechts:
Die Wanderung auf dem Mist Trail ist eine feuchte Angelegenheit, denn ständig weht das Sprühwasser des 97 Meter hohen Vernal Fall herüber

Oben links und rechts:
Entlang der beliebten Badeplätze bevölkern im Sommer zahlreiche Schlauchboote und Kanus den Merced River. Die wuchtige Granitwand des El Capitan steht in schroffem Gegensatz zum zarten Charme der Bridalveil Falls auf der gegenüberliegenden Talseite.

Unten:
Die zutraulichen Squirrels (Erdhörnchen) finden sich meist schnell ein, wenn beim Picknick am Rand eines Parkplatzes etwas für sie abfällt. Ein einzigartiger Rundblick entschädigt für den kurzen Spaziergang von der Parkstraße am Glacier Point zum Gipfel des Sentinel Dome (ganz unten).

Unten:

*Die größten Mammut-
bäume (Sequoiadendron
Giganteum) wachsen im
Giant Forest, dem
Herzstück des Sequoia
Nationalparks (Kalifor-
nien). In der Crescent
Meadow gibt es sogar
einen umgestürzten
Baumriesen, durch den
man mit dem Auto hin-
durch fahren kann.*

Links:

*Der Redwood National-
park an der nördlichen
Küste Kaliforniens
schützt die letzten
Bestände eines regen-
waldähnlichen Nadel-
walds aus gigantischen
Küstensequioen
(Sequoia sempervirens).*

Rechts:
Im Pferdesattel hoch zu Ross bleibt man auf dem ständig feuchten Waldboden des Redwood Nationalparks auch bei längeren Ausflügen im Dämmerlicht der mehr als 100 Meter hohen Stämme warm und trocken.

Oben:
Der General Grant Tree ist einer der Stars unter den weltberühmten Mammutbäumen des Sequoia Nationalparks (Kalifornien). Er wurde zum Weihnachtsbaum der Nation gewählt, unter dem sich jedes Jahr Hunderte von Gläubigen zur Christmette versammeln.

Seite 108/109:
Der Denali National Park and Preserve liegt in Zentralalaska. Auf seinem Gebiet befindet sich der höchste Berg, der Mount McKinley mit 6193 Meter Höhe – hier der Blick über den Wonder Lake.

Die Olympic Peninsula zwischen der Juan de Fuca-Straße und dem Pazifik im Nordwesten des Bundesstaats Washington ist einer der wenigen Plätze auf der nördlichen Halbkugel, wo aufgrund der besonderen Witterungsverhältnisse beinahe undurchdringliche Regenwälder in gemäßigten Breiten entstanden sind. Die feuchten pazifischen Luftmassen treffen hier auf die Olympic Mountains, ein stark bewaldetes Mittelgebirge mit dem schnee- und eisbedeckten 2428 Meter hohen Mount Olympus als höchster Erhebung. Die schweren Sturm- und Regenwolken, die vom Pazifik herantreiben, bekommen an den grünen Bergflanken Auftrieb und regnen ihre schwere Wasserlast an den Hängen ab. Es ist keine Seltenheit, dass der Westteil der Halbinsel bis zu zwanzig Tagen im Monat von dunklen Wolken bedeckt ist und dass es wochenlang nieselt. Auf den Bergkämmen fallen bis zu 5000 Millimeter Niederschläge pro Jahr. Die ständige Feuchtigkeit und eine dicke Schicht vermodernder Stämme und Blätter schaffen dschungelähnliche Bedingungen, unter denen wahre Baumgiganten gedeihen. Bis zu hundert Meter hoch ragen riesige Hemmlocktannen, Douglasien, Sitkafichten und Rotzedern in den regenreichen Himmel, überwuchert von einem verfilzten, sattgrünen Teppich von Flechten und Spanischem Moos, die wie lange, zerzauste Bärte von den Baumkronen hängen. Der wasserdurchtränkte, modrige Waldboden im Dämmer der Waldriesen ist dicht überwachsen mit riesigen Farnen, Moosen und Pilzen. In den Astgabeln haben sich Epiphyten angesiedelt, schmarotzende Gastpflanzen, die ihren Wasserbedarf aus der hohen Luftfeuchtigkeit decken. Vom Besucherzentrum des Olympic Nationalparks am Hoh Rain Forest führen zwei kürzere Lehrpfade durch das feuchte grüne Dämmerlicht unter dem verfilzten Blätterdach der ausladenden Baumkronen. Für geübte Wanderer und erfahrene Bergsteiger führt der etwa 30 Kilometer lange Hoh River Trail tiefer hinein in die Regenwälder bis nach Glacier Meadows, dem Ausgangspunkt für eine Besteigung des Mount Olympus mit seinen sechs Gletschern. In zunehmender Höhe sinken die Temperaturen und die Luftfeuchtigkeit, die Riesenwüchsigkeit der Nadelbäume weicht subalpinen Wäldern, die schließlich über der Baumgrenze blumengespickten Matten, Flechten und Moosen Platz machen.

Bereits im Jahr 1897 wurde zur Erhaltung dieser Waldgebiete der Olympic Forest Preserve geschaffen. Die staatliche Kontrolle erwies sich jedoch als weitgehend wirkungslos gegenüber den Jägern, die die hier vorkommenden Roosevelt-Hirsche zu Tausenden abschlachteten. Um sie vor der Ausrottung zu bewahren, unterzeichnete Präsident Theodore Roosevelt 1906 ein Gesetz, das einen Teil des heutigen Reservats zum National Monument erklärte. 1938 auf 373 000 Hektar erweitert und zum Nationalpark erhoben bildet er heute eine der größten Flächen in den Vereinigten Staaten, die nicht durch Straßen erschlossen ist. Der Highway 101, der an drei Seiten um das Naturschutzgebiet herumführt, bietet nur an wenigen Stellen einen begrenzten Zugang. Vom Olympic Park Visitors Center in Port Angels an der Juan de Fuca-Straße im Norden führt eine Stichstraße zum Hurricane Ridge, dem höchsten mit dem Auto erreichbaren Punkt, mit einem weiten Blick auf das Panorama der schneebedeckten Berge. Der steile unbefestigte Fahrweg zum 1966 Meter hohen Obstruction Peak ist wegen der starken Schneefälle oft bis zum Juli geschlossen. Eine andere Stichstraße endet in den stillen Tälern des Boulder Creek und des Soleduck Creek, den Ausgangspunkten für längere Wanderrouten, die an klaren Bergseen vorbei durch die Wälder im nördlichen Parkabschnitt führen.

Der Olympic Nationalpark umfasst neben den Bergen und Regenwäldern der Olympic Mountains auch einen 92 Kilometer langen schmalen Küstenstreifen am Pazifik, der vom Hauptgebiet des Reservats räumlich getrennt ist. Die von Wind und Wellen gepeitschte Steilküste bietet einen faszinierenden Reichtum an Meerestieren, Seevögeln, Seeottern und Robben. Ausgedehnte Wanderpfade führen vorbei an steilen Klippen, ausgewaschenen Felsbögen und winzigen Inselchen, die während der Flut von den Gischtfontänen der Brandung eingehüllt sind. Bei Ebbe sammeln sich in den Gezeitentümpeln Krabben, Seeanemonen, Seeigel und Seesterne. Ein besonderes Schauspiel sind die Grauwale, die im Frühjahr dicht unter der Küste von den warmen Gewässern der mexikanischen Baja California-Halbinsel kommend zu ihren sommerlichen Futterplätzen in der Beringsee ziehen. Im Norden, wo der Highway 112 bei Ozette endet, führt der fünf Kilometer lange Cape Alava Trail zum westlichsten Punkt des US-amerikanischen Festlands. Die heftigen Winterstürme haben hier unglaubliche Mengen an Treibholz am Strand aufgetürmt, aber auch jede Menge von Zivilisationsmüll, leere Flaschen, Getränkedosen und abgerissene Boien von den Netzen der internationalen Fischereiflotten auf hoher See.

Unten und rechts:
Der Rialto Beach ist Ausgangspunkt für weite Wanderungen entlang der wilden Pazifikküste im Olympic Nationalpark. Man tut allerdings gut daran, gründlich die Gezeitentabellen zu studieren, ehe man loszieht. Es kann sonst leicht passieren, dass man stundenlang zwischen zwei Landzungen eingesperrt wird, ehe die Ebbe den Weg wieder freigibt.

Oben:
Die stürmische See wirft jeden Winter Berge von Treibholz an die Küste – mehr als genug für ein romantisches Lagerfeuer in der untergehenden Sonne – vorausgesetzt, man hat eine schwere Axt dabei, um die knochenharten Stämme zu spalten.

FEUER UND EIS –

Es gibt keine Straßen durch den Glacier Bay Nationalpark (Alaska). Im Sommer, wenn das Eis der Fjorde geschmolzen ist, kann man die gewaltigen Gletscherzungen, die sich bis ins Meer hinuntergeschoben haben, vom Schiff aus betrachten.

Die zwei Bundesstaaten, die erst 1959 der Union der Vereinigten Staaten beitraten, nehmen schon allein geographisch und klimatisch eine Sonderrolle ein. Tropische Temperaturen mit einer üppigen Fauna und Flora herrschen auf der Inselgruppe von Hawaii, während die riesige Landmasse Alaskas bis weit über den Polarkreis ins nördliche Eismeer hineinragt.

Der Archipel im Stillen Ozean besteht aus den Spitzen von rund vierzig größtenteils erloschenen Vulkanen, die sich vom Grund des Ozeanbeckens bis auf Höhen von über 4000 Meter über dem Meeresspiegel erheben. Auf der zweitgrößten Insel, Maui, erhebt sich über dichten Regenwäldern der rund 3000 Meter hohe, erloschene Krater des Haleakala. Die Mondlandschaft mit rund einem Dutzend kleinerer und jüngerer Kraterbecken bildet den Kern des Haleakala Nationalparks. Der Star unter den Feuer speienden Bergen der Inselkette ist jedoch der immer noch aktive Vulkan Kilauea auf der Hauptinsel Big Island, die ursprünglich Hawaii hieß und der ganzen Inselkette den Namen gab. Glühende Lavaströme, Feuersäulen und dampfende Schwefelspalten machen den Hawaii Volcanoes Nationalpark zur meistbesuchten Feuerschmiede im Pazifik.

Kaum ein größerer Gegensatz lässt sich dazu denken, als die Naturreservate in der eisigen und menschenabweisenden Wildnis Alaskas. Nur drei von ihnen sind überhaupt an das weitmaschige Netz der Alaska-Highways angeschlossen: der Denali Nationalpark mit dem höchsten Berg Nordamerikas, dem Mount McKinley, und die zerklüfteten Gletscher und Fjorde des Kenai Fjords Nationalparks auf einer Halbinsel im Süden Alaskas sowie der Wrangell-St. Elias Nationalpark an der Grenze zu Kanada. Wer die allein schon durch ihre Einsamkeit überwältigenden Tundra- und Gebirgslandschaften der Nationalparks Gates of the Arctic, Kobuk Valley, Lake Clark oder Katmai jenseits des Polarkreises besuchen will, ist auf das Flugzeug angewiesen und sollte sich auf ein Abenteuer gefasst machen.

In den kurzen Sommern
Alaskas bleibt es abends
noch lange hell. Ein
üppiges Nachtleben darf
man allerdings im kleinen
Hafen von Bartlett Gove,
rund 30 Flugminuten
nordwestlich von Alaskas
Hauptstadt Juneau, nicht
erwarten. Erst am Morgen,
wenn die Ausflugsboote
zu den zerklüfteten Eis-
strömen im Glacier Bay
Nationalpark ablegen,
herrscht wieder mehr
Leben auf der Mole .

BARTLETT COVE
GLACIER BAY
NATIONAL
PARK AND
PRESERVE

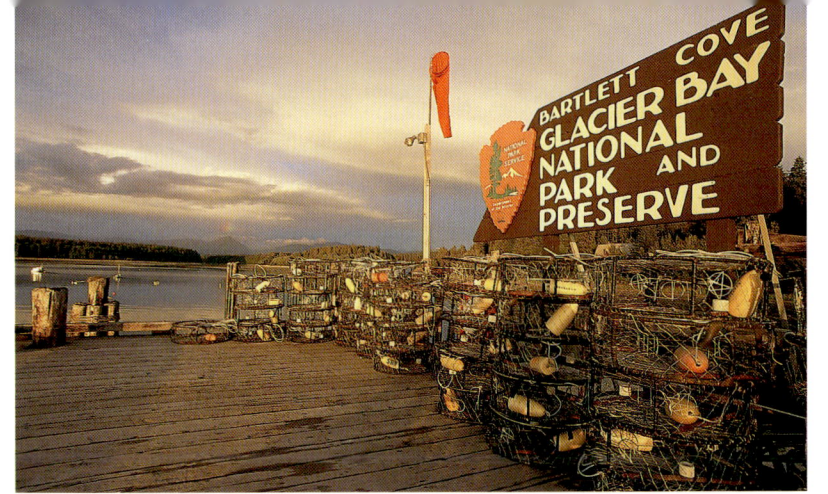

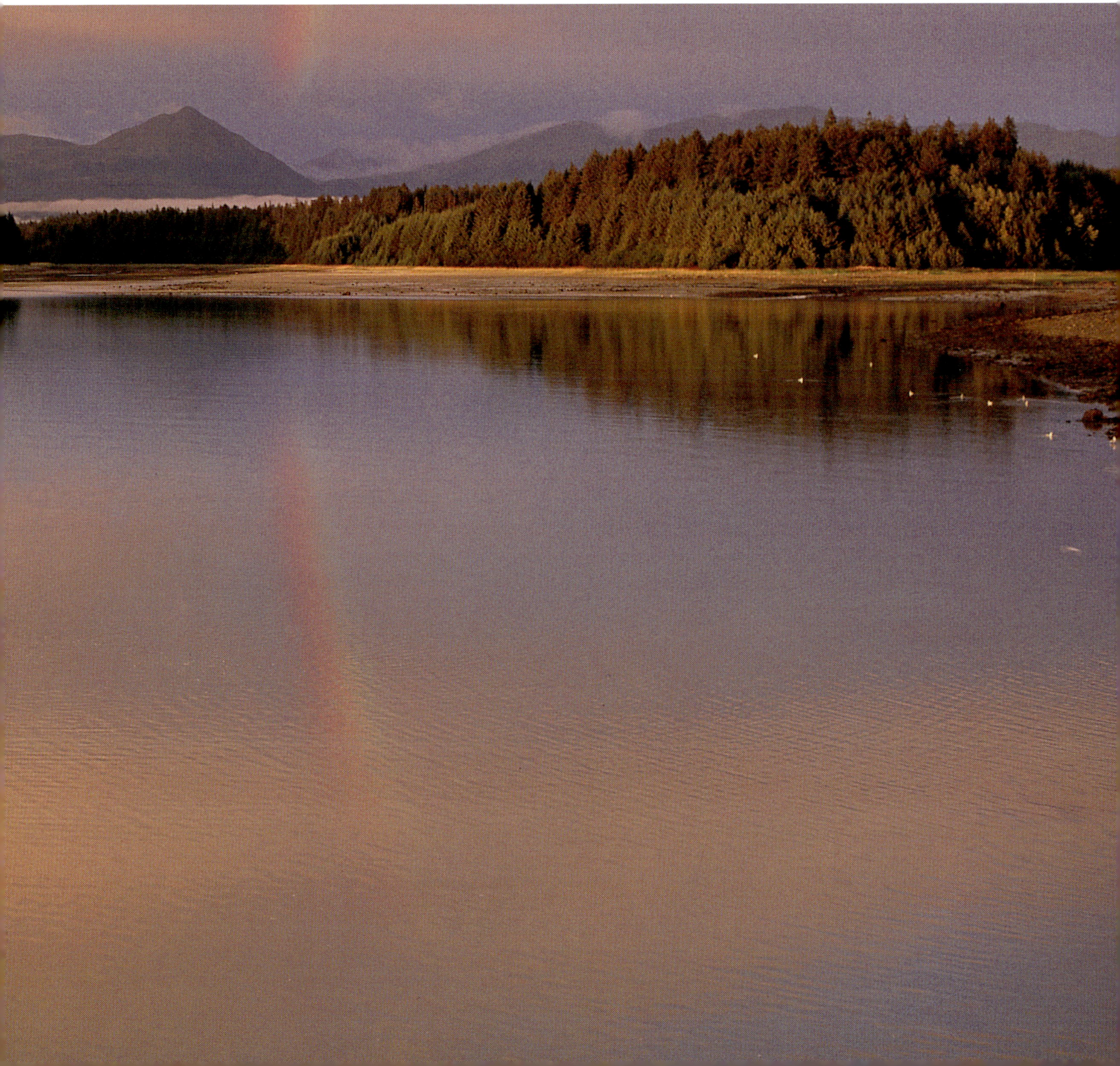

GRIZZLYLAND IM HOHEN NORDEN

Weithin sichtbar überragt der 6194 Meter hohe Mount McKinley den Bogen der schnee- und eisbedeckten Alaska Range rund 300 Kilometer südlich des Polarkreises. Für die Einheimischen ist das Wahrzeichen des 49. Bundesstaats der USA meist schlicht und einfach »The Mountain«, Der Berg. Die nomadisierenden Athabaska-Indianer, die zu Füßen des gewaltigen Massivs aus Granit und Eis seit vielen Jahrhunderten jagten, nannten den Ehrfurcht gebietenden Bergriesen Denali, »Den Hohen«. Seinen amtlichen Namen verdankt er einem Wahlkampfgag. William A. Dickley, ein in die Zivilisation zurückgekehrter Goldsucher und Anhänger des damaligen republikanischen Präsidentschaftskandidaten William McKinley, taufte 1897 in seinen Zeitungsartikeln über Alaska den höchsten Berg Nordamerikas publikumswirksam nach seinem Wunschkandidaten.

Der Mount McKinley ist eine der Hauptattraktionen des Denali Nationalparks, der 1917 – damals noch unter dem Namen Mount McKinley Nationalpark – eingerichtet und 1980 auf rund 19 000 Quadratkilometer erweitert wurde. Auf dem eisgepanzerten Bergmassiv herrschen extreme klimatische Verhältnisse. Schon auf 4500 Meter Höhe herrschen im Winter Temperaturen bis -70 Grad Celsius und gewaltige Stürme erreichen Windgeschwindigkeiten von 250 Stundenkilometern. Den Besuchern gegenüber gibt er sich meist spröde und zugeknöpft. Während der Hauptsaison von Juni bis Anfang September ist er meist in Wolken gehüllt und zeigt sich im Durchschnitt nur jeden dritten Tag in blendendem Weiß.

Das riesige Naturreservat bedeckt eine Fläche, die größer ist als der US-Bundesstaat Massachusetts, aber nur eine einzige, 156 Kilometer lange, unbefestigte Straße führt durch die hügelige, weite Tundra bis zum Wonder Lake am Fuß der gewaltigen Gletscher des Mount McKinley und selbst diese ist für den privaten Autoverkehr gesperrt. Stattdessen stehen kostenlose, in kurzen Abständen verkehrende Pendelbusse zur Verfügung. Schon jenseits des Straßenrands beginnt die schier endlose Wildnis des Nordens. Für individuelle Wanderungen in diesem weiten

Hinterland ohne markierte Pfade gelten strenge Besucherquoten und festgelegte Zonen. Ein Grund für diese Einschränkungen ist die besondere Verletzlichkeit der Pflanzenlebensgemeinschaften, die sich im extremen Klima mit langen, bitterkalten Wintern und kurzen sommerlichen Vegetationsperioden herausgebildet haben. Nach dem Rückzug der kontinentalen Gletscher vor rund 12 000 Jahren dauerte es Jahrhunderte, bis sich eine dünne Humusschicht gebildet hatte, die der kargen Vegetation eine Lebensgrundlage bietet. Weite Teile des Parks liegen über tief gefrorenen Permafrostböden, die im Sommer nur einige Zentimeter tief an der Oberfläche auftauen und dann eine erstaunliche Vielfalt von mehr als 650 Blütenpflanzen, dazu zahlreiche Arten von Moosen, Flechten, Pilzen und Algen hervorbringen. Die Baumgrenze des borealen Waldgürtels endet am Rand der Flusstäler schon auf einer Höhe von 800 Metern. Oberhalb dieser Taiga-Region breiten sich, durchzogen von eisigen Gletscherbächen, fast baumlose, weite Tundraflächen aus, die bis auf eine Höhe von 2100 Metern reichen.

Als der Park nach einer mehr als zehnjährigen öffentlichen Kampagne des Naturwissenschaftlers und Naturschützers Charles Sheldon im Jahr 1917 eingerichtet wurde, stand nicht so sehr der Schutz der subarktischen Pflanzenwelt oder der Anblick des majestätischen Mount McKinley im Vordergrund, sondern es ging vor allem darum, der einzigartigen Tierwelt einen ausreichend großen, von Verfolgungen durch den Menschen geschützten Lebensraum zu schaffen. In der rauen Umwelt des Nordens lebt nicht nur eine große Zahl kleinerer Pelztiere, innerhalb des Nationalparks bietet sich eine fast einzigartige Gelegenheit, die in Alaska lebenden Großsäugetiere sogar vom Bus aus in ihrer ungestörten natürlichen Umwelt zu beobachten:

Dall-Schafe, Verwandte der Dickhornschafe, ziehen nach dem Beginn der Schneeschmelze truppweise aus den Tälern in höhere Lagen hinauf und grasen dort während der kurzen Sommermonate die jungen Triebe auf der alpinen Tundra ab. Die Karibuherden wandern von ihren Kalbplätzen im Süden der Alaska Range bis zu ihren Winterquartieren in den nördlichen Randgebieten des Parks alljährlich weite Strecken. Elche sind dagegen Einzelgänger. Die Kälber werden im Mai geboren und bleiben danach ein oder zwei Jahre bei der Mutter. Wölfe

lassen sich selten sehen, spielen aber wie di Bären bei der natürlichen Auslese alter un kranker Tiere eine wichtige Rolle im Natur haushalt. Grizzly-Bären kommen im gesam ten Parkgebiet vor. Dank der Einrichtun besonders strenger Schutzzonen reicht da »Grizzlyland« entlang der baum- und busch gesäumten Bäche an einigen Stellen unmit telbar bis an den Rand der Parkstraße.

Unten:
Verkrüppelte Bäume, niedrige Sträucher, Sumpfmoose, Gräser und Kräuter bedecken nur bis auf 800 Meter Höhe den borealen Waldgürtel der Taiga Alaskas. In der höher gelegenen Tundra taut der tief gefrorene Boden nur wenige Zentimeter auf.

Rechts
Dreh- und Angelpunk für Unternehmungen in Denali Nationalpark i das Besucherzentrum am Riley Creek. Fü individuelle Touren un Übernachtungen auf de wenigen Camping plätzen gelten streng Quoter

Oben:
Die Gebirgskette der Alaska Range zieht sich in einem weiten, fast 1000 Kilometer langen Bogen quer durch den kältesten Bundesstaat der USA. An der Südgrenze des Denali National-parks bilden sie eine gewaltige Klimabarriere zu den wärmeren Küsten-regionen am Pazifischen Ozean.

Unten:
Selbst im Hochsommer toben eisige Stürme in Orkanstärke um die Flanken des Mount McKinley. Vom Fuß bis zum Gipfel gemessen, übertrifft er sogar um 600 Meter den Mount Everest – für Extrem-bergsteiger eine der här-testen alpinen Heraus-forderungen auf der Erde.

Unten:
*Die tiefen Fjorde und
Buchten der Kenai
Mountains an der zer-
klüfteten Ostseite der
Kenai-Halbinsel an der
Pazifikküste Alaskas
sind fast gänzlich uner-
schlossen. Nicht nur im
Northwestern Fjord rei-
chen die riesigen Eis-
zungen der Gletscher bis
weit ins Meer.*

Seite 120/121:
Eine grüne Insel in der
Mondlandschaft des
Haleakala Nationalparks
(Hawaii) sind die Wasser-
fälle des Palikea-Flusses.

Rechts:
Nur mit dem Flugzeug
und dann per Boot kann
man die eisige Wildnis
des Kenai Fjords Natio-
nalparks (Alaska) er-
kunden. Trotz der harten
Lebensbedingungen ist
die Gletscherwelt voll
von tierischem Leben.
Im Sommer tummeln
sich ganze Kolonien von
Seelöwen auf den Ufer-
klippen (Mitte).

Die pazifische Platte driftet mit einer Geschwindigkeit von jährlich acht Zentimetern nach Nordwesten und überquert dabei im Herzen des Stillen Ozeans in rund 5000 Meter Tiefe einen »Hot Spot«, eine Austrittsstelle flüssiger Magma aus dem Erdinneren, die sich zu gewaltigen Gebirgen aufbaut. Wie auf einem Fließband entstand auf diese Weise in den letzten 20 Millionen Jahren die rund 600 Kilometer lange Kette der Haiwaii-Inseln.

Big Island, die größte Insel des Archipels, liegt am weitesten im Südosten und ist damit das jüngste und noch längst nicht ausgewachsene Kind der Feuerschmiede in den Tiefen des Pazifik. Die beiden gewaltigen Vulkane, die für ihre Entstehung verantwortlich waren, der Mouna Kea und der Mouna Loa ragen heute 4205 Meter und 4169 Meter über den Meeresspiegel und noch immer rumort und brodelt es ständig in den Tiefen.

Der Kilauea, ein Nebenvulkan des Mouna Loa ist inzwischen auf eine Höhe von 1243 Metern herangewachsen und gilt als einer der unruhigsten auf dem Erdball. Sein Einsturzkrater mit einem Durchmesser von 4 Kilometern bildet den spektakulären Mittelpunkt des bereits 1916 eingerichteten und 1961 erheblich erweiterten Hawaii Volcanoes Nationalpark. Auf den Abhängen der Vulkane, die dem niederschlagsreichen Nordostpassat zugewandt sind, wuchert eine sattgrüne, üppige Regenwaldvegetation. Die windabgekehrte Seite zur Küste hin ist dagegen fast wüstenhaft trocken und weist einen nur spärlichen Pflanzenwuchs auf.

Den polynesischen Seefahrern, die vor rund 1600 Jahren auf ihren zerbrechlichen Auslegerkanus Hawaii erreichten und besiedelten, galt der brodelnde Lavasee im Halema'uma'u-Krater des Kilauea als Sitz der unberechenbaren Feuergöttin Pele. 1924 verschüttete eine heftige Dampfexplosion sein unterirdisches Gangsystem; als Folge senkte sich der Spiegel des flüssigen Magmas und erstarrte, während sich der Aktivitätsherd des Kilauea um mehrere Kilometer weiter nach Südosten verlagerte.

Rings um den Kraterrand in mehr als 1200 Meter Höhe führt der Crater Rim Drive, eine rund 18 Kilometer lange Rundstraße, die den Zugang zu zahlreichen Aussichts-

punkten und kurzen Wanderwegen ermöglicht. Während die Lava im Halema'uma'u-Krater schon vor einem Dreivierteljahrhundert zu einer Mondlandschaft erstarrt ist, finden sich am Kilauea Iki, dem »Kleinen Kilauea« am Ostrand des Einsturzbeckens – der so genannten Caldera – noch deutliche Spuren der bisher letzten Eruption im Jahr 1959, die zeigte, dass die gewaltigen Kräfte im Erdinneren nur vorübergehend schlummern. Der Devastation Trail führt vorbei an rauchenden Schwefelspalten durch die geisterhafte Bimssteinwüste des damals zerstörten Waldgebiets. Ein Lavastrom, der an der Außenseite schneller abkühlte als im Inneren, schuf einen natürlichen Tunnel, die Thurston Lava Tube, die man zu Fuß durchqueren kann. Explosionen wie 1924 ereignen sich bei den Vulkanen Hawaiis sehr selten, ihre sehr heiße und außerordentlich dünnflüssige Lava tritt in der Regel in breiten schnellfließenden Strömen aus.

Seit 1968 hat die Göttin Pele ihre Feuerküche erneut weiter in den nur bedingt zugänglichen Osten des Nationalparks zum Mauna Ula, einem parasitären Nebenkrater des Kilauea und dem derzeit aktivsten Nebenkrater Pu'u 'O'o verschoben, in denen Fontänen rot glühender Magma zwischen heißen Gasschwaden aufsteigen. In periodischen Abständen wälzen sich immer wieder breite Lavaströme über die Bergflanken hinunter. Eine Abzweigung des Crater Rim Drives, die Chain of Craters Road, schlängelt sich in weitem Bogen um diese aktivste vulkanische Zone bis zur Küste hinab, wo sie nach 80 Kilometern abrupt vor einem Wall erkalteter Lavaflüsse endet, die bei den Ausbrüchen der letzten Jahrzehnte die frühere Küstenstrasse verschüttet haben.

Mit dem 4169 Meter hohen Mauna Loa liegt ein weiterer, weitgehend erloschener Vulkan von gewaltigen Dimensionen in dem 920 Quadratkilometer großen Schutzgebiet. Von der Basis auf dem Meeresgrund in 5000 Meter Tiefe bis zum Gipfel misst er 9144 Meter und bildet mit einem Volumen von 25 600 Kubikkilometern den mächtigsten Berg auf dem Erdball. Vom Kilauea aus führt zunächst eine unbefestigte Straße und schließlich ein schmaler Fußpfad bis hinauf auf den Gipfel. Die mehrtägige Wanderung erfordert jedoch nicht nur bergsteigerische Erfahrung, sondern auch eine gute Ausrüstung, denn Schneefälle und Nachtfröste sind selbst auf den Blumeninseln Hawaiis in dieser Höhe nicht ungewöhnlich.

In den Meerestiefen südöstlich von Bi Island bereitet sich bereits die Geburt eine neuen Insel vor. Der Vulkan Lo' ihi hat sich schon 4500 Meter über dem Grund de Pazifischen Ozeans aufgetürmt und wir irgendwann in vielen Jahrtausenden di Wasseroberfläche durchbrechen, um de Kette des Archipels ein weiteres palmenge säumtes Glied hinzuzufügen.

Rechts:
Die ursprünglich heimischen, endemischen Pflanzen kommen mittlerweile fast nur noch innerhalb der National-

parks von Hawaii vo. Die Ökologie der Insel wurde durch die Einfüh fremder Tiere un Pflanzen aufs Empfind lichste gestör.

Oben und links:
Im Gegensatz zur gasreichen Blocklava anderer Vulkane erstarrt die schnell ausströmende, gasarme und extrem heiße Lava der Vulkane Hawaiis an der Oberfläche nach kurzer Zeit zu breiigen Fladen.

Ganz oben:
Aus tausend Spalten und Ritzen haucht die Feuergöttin Pelé ihren heißen Atem aus. Am Nebenkrater des Pu'u 'O'o brodelt die flüssige Lava Tag und Nacht. Die Magmakammer befindet sich hier nur drei bis vier Kilometer unter der Erdoberfläche.

REGISTER

KANADA

MONTANA
Billings

Yellowstone
Grand Teton

WYOMING

★ *Theodor Roosevelt*

NORTH DAKOTA

Missouri

SOUTH DAKOTA

★ *Devils Tower*
● Rapid City
★ *Badlands*
★ *Wind Cave*

MINNESOTA

Minneapolis ●

WISCONSIN

Lake Superior

Voyageurs ★

Lake Huron

Lake Michigan

Milwaukee ●

MICHIGAN

Lake Ontario

Toronto ■
Buffalo ●

Montreal ■

MAINE
Acadia ★

VERM.
NEW HAMP.

Syracuse ● Albany ●
★ Boston
MASS.
Hartford ●

NEW YORK

Lake Erie

Detroit ■
Toledo ●
Cleveland ●

Chicago ■

New Haven
CONN.
Jersey ■ New York
City
Philadelphia ■
PENNSYLVANIA
Pittsburgh ●
NEW JERSEY

NEBRASKA

Cheyenne ●

Rocky Mountain ★

Denver ●

COLORADO

● Colorado Springs

Colorado

★ *Black Canyon*

Natural Bridges

★ *Mesa Verde*

Canyon de Chelly

IOWA
● Des Moines

USA

KANSAS

Topeka ● ● Kansas City

Platte

Missouri

Peoria ●

ILLINOIS

Indianapolis ●

INDIANA

St. Louis ●

OHIO

Columbus ●

Cincinnati ●

WEST VIRGINIA

Louisville ● *Ohio*
Lexington ●

Charleston ●

Catoctin Mountain ★
★ Baltimore
● Washington
DEL.
Shenandoah ★
● Richmond
VIRGINIA
● Norfolk

MISSOURI

Mammoth Cave ★

KENTUCKY

Nashville ●

Knoxville ●
Great Smoky Mountains ★

Blueridge Parkway ★

Raleigh ●

NORTH CAROLINA

★ *Cape Hatteras*

Arkansas

Albuquerque ●

NEW MEXICO

★ *White Sands*

Carlsbad Caverns
El Paso ●
★ *Guadalupe Mountains*

Amarillo ●

Lubbock ●

Oklahoma City ●

OKLAHOMA

Tulsa ●

Little Rock ●
Hot Springs ★

ARKANSAS

Memphis ●

TENNESSEE

Birmingham ●

Atlanta ●

GEORGIA

Columbus ●

Charlotte ●

Columbia ●

SOUTH CAROLINA

Savannah ●

MEXIKO

Big Bend ★

San Antonio ●

Laredo ●

Fort Worth ● ■ Dallas

TEXAS

Colorado

Houston ■

Corpus Christi ●

★ *Padre Island*

Shreveport ●

Red River

LOUSIANA

Beaumont ●

Baton Rouge

New Orleans

Mississippi

MISSISSIPPI

ALABAMA

Montgomery ●

Mobile ●
Gulf Islands ★

Tallahassee ●

Cumberland Islands ★

Jacksonville ■

FLORIDA

Orlando ●

Tampa ●
St. Petersburg ●

Lake Okeechobee

Fort Lauderdale ■
■ Miami
Everglades ★ ★ *Biscayne*

Dry Tortugas ★

Golf von Mexiko

Atlantischer Ozean

Kauai
Oahu
Honolulu ●
Molokai
Maui
★ *Haleakala*

HAWAII

Pazifischer Ozean

Big Island of Hawaii
★ *Hawaii Volcanoes*

N

*»Rings umragt
von hohen Bergen und
von Wasserstürtzen
eingelullet, liegt im Tale
wie ein Traumbild...«
Proxy Falls im
Willamette National
Forest (Oregon).*

Impressum

Buchgestaltung
hoyerdesign grafik gmbh, Freiburg

Karte
Fischer Kartografie, Aichach

Alle Rechte vorbehalten

*Printed in Germany
Repro: Artilitho, Trento, Italien
Druck und Verarbeitung: Offizin Andersen Nexö, Leipzig
© 2006 Verlagshaus Würzburg GmbH & Co. KG
© Fotos: Christian Heeb*

*ISBN-13: 978-3-8003-1722-6
ISBN-10:   3-8003-1722-2*

*Unser gesamtes Programm finden Sie unter:
www.verlagshaus.com*

Stürtz